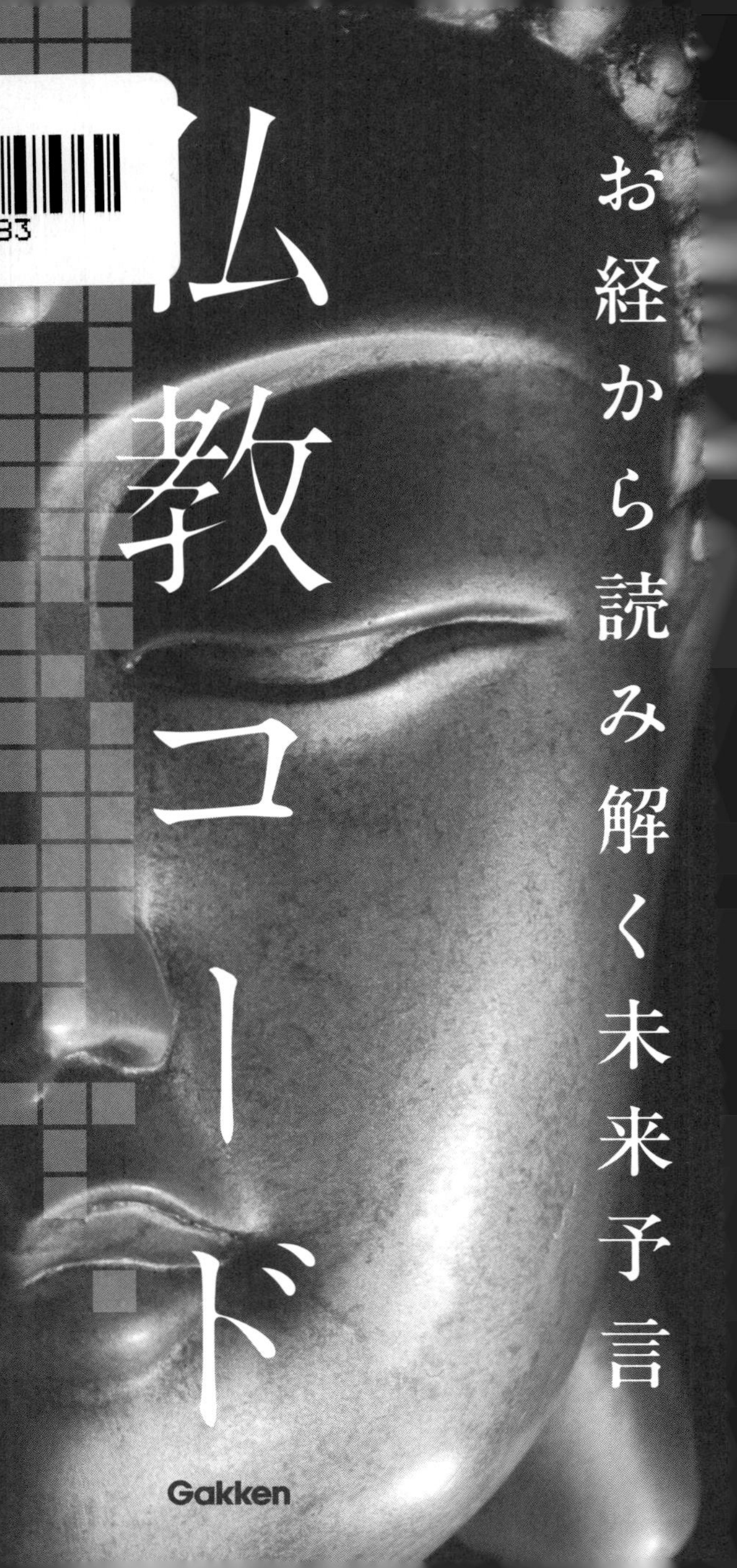

仏教コード

お経から読み解く未来予言

光照山蓮久寺住職
三木大雲

Gakken

本書をお手に取っていただき、ありがとうございます。
蓮久寺三十八代目住職　三木大雲と申します。
私が蓮久寺の住職になった不思議な経緯は
P．197より記しておりますのでご覧ください。

私は普段、お寺での勤行のかたわら、
仏教の教えを皆さまに広く伝えるため、
実際にあった不可思議な体験談や
恐ろしい怪談話を切り口として
お釈迦さまの教えや生き方を説く、
〝怪談説法〟という、独自のスタイルの講話を
各地でお話ししています。
そのため私のことを〝怪談和尚〟という異名で
お呼びくださる方もいらっしゃいます。

本書でつづるのは、怪談説法ではなく

〝お経〟から読み解く、未来予言のお話です。

皆さまは、〝お経〟にはどのようなイメージをお持ちでしょうか。

法要や法事の際、故人さまのご冥福をお祈りするために、お坊さんが唱えるもの、と思い浮かべる方もいらっしゃるかと思います。

仏門に入っていないかぎり、なかなかご自身でお経を唱える機会を持つことは少なく、そもそも、お経にはどのようなことが記されているか、ご存知ない方も多いでしょう。

お経は、お釈迦さまの悟りの内容を記した書です。
およそ二千五百年前に成立したのですから、超ロングセラー本ですね。

なぜ、お経がこれだけ長く、多くの人に親しまれているのか。
そして、なぜ多くの人に必要とされているのか。

それは、**お経にはこの世の真理が記されている**からです。

真理とは、すべての人に当てはまることです。
例外のない世界の法則です。

お経には、人類が生まれるはるか昔である
宇宙のスタートから、終焉にいたるまで
すべてが描かれているのです。

妙法蓮華經

私たち現代人は、目まぐるしく変化する社会の中で、
様々な不安と隣り合わせで暮らしています。

地震・台風・豪雨などの災害、
疫病の流行、他国侵略、
国内の争い・分裂…。

このような〝絶対に起こってほしくない〟
災難や災害の訪れについても、お経に克明に記されています。

本書では、お経に私自身の解釈をまじえた見解で、
これから先の未来に起こりうる出来事を解説しています。

私は常々、どうしたら多くの人の悩みを救えるか、人類が平和に過ごせるか、
方法を模索しておりました。その特効薬、となるのがお経です。

残念ながら、避けられない〝難〟もあります。
しかし、

私たちの努力次第で
未来を変えることができる――。

その方法も、お経から知ることができるのです。
それがお経の素晴らしさでもあります。

お経の真実を理解していただくため、
一部分ではなく、ぜひ最後まで本書をお読みいただければと思います。
本書が皆さまの未来への希望の一助となりますように。

目次

装丁・本文デザイン	渡邊民人・谷関笑子（TYPEFACE）
イラスト	ヤマザキチヱ
制作協力	山崎由貴（こっくり舎）

第一章

お経は人生の攻略本

弟子たちの聞き書きにより まとめられたものが〝お経〟である

お経とは、簡単に言えば、悟りを得た人が話した内容をまとめたものです。

その悟りを得たとする人のことを次のように呼びます。

如来《にょらい》、応供《おうぐ》、正遍知《しょうへんち》、明行足《みょうぎょうそく》、善逝《ぜんぜい》、世間解《せけんげ》、無上士《むじょうじ》、調御丈夫《じょうごじょうぶ》、天人師《てんにんし》、仏世尊《ぶつせそん》と、十種類の呼び名があるのです。

この呼び名の中から、私たちは一般的に、仏世尊、すなわち仏さまと呼んだり、如来と言ったりします。

※釈迦如来《しゃかにょらい》、大日如来《だいにちにょらい》、阿弥陀如来《あみだにょらい》など、最後に如来と付く方々は、すべて悟りを得た方々なわけです。

現在、地球上で**お経と呼ばれるものは、釈迦如来がお話しされた内容をまとめたもの**です。

【※釈迦如来】お釈迦さま。紀元前五～六世紀に釈迦族の王子ゴータマ・シッダールタとしてインドで誕生。三十五歳で悟りを開く。

諸説ありますが、紀元前約五から六世紀頃のインドで悟りを得られたお釈迦さまが、いろいろなことを弟子たちにお話しされます。お釈迦さまのお話を聞きながら、弟子たちは紙と鉛筆ですぐにメモをしたわけではありません。

基本的にお釈迦さまが亡くなられてから、弟子たちが集まって聞いた内容をまとめたのです。

ですのでお経は「如是我聞《にょぜがもん》」から始まります。書き下しをしますと「是《か》くの如《ごと》く、我《われ》、聞きき」であり、現代語訳しますと「私はこのように聞きました」という書き出しになっています。

では、この〝私〟にあたる人は誰でしょうか。それは、弟子の中でも「多聞《たもん》第一《だいいち》」、一番お釈迦さまのお話をたくさん聞いた人と呼ばれた人物です。名前は「※阿難《あなん》」と言います。

ですから基本的にお経は、この阿難さんが、お釈迦さまから直接聞いた話をまとめたものなのです。

【※阿難】お釈迦さまの十大弟子の一人。侍者としてお釈迦さまのそばで仕えていて、女性の出家を認めることに一役買った。

その当時、お経はサンスクリット語で書かれていました。そしてその後、中国で漢字に訳され日本に伝わってきたものが、現在、私たちがお寺などで目にするお経本です。

「お経は難しい」、そう感じるのは、漢字ばかりで書かれていることも大きな理由の一つだと思います。

お経を読む上で、漢字を書き下さなければ意味がわかりにくいです。そのため、まずは書き下しをするわけです。

先に書かせていただきました「如是我聞」の要領です。

「如是我聞」→「是くの如く、我、聞きき」→「私はこのように聞きました」

この作業を、莫大なお経一つ一つにしていかなければならないのです。

当初、サンスクリット語を漢訳するにあたり、その翻訳をした人は一人ではありませんでした。

竺法護《じくほうご》、※鳩摩羅什《くまらじゅう》、闍那崛多《じゃなくった》、『西遊記』のもとにもなった三蔵法師などなど、他にも多数の翻訳者がおられました。

【※鳩摩羅什】数多くの重要なお経を翻訳。インドのお経を中国語に翻訳する画期的な方法を用いた漢訳は、中国仏教に大きな影響を与えた。

翻訳者が多くおられたことはよいことですが、これが少々混乱をきたすことになります。

それは、翻訳する際に、解釈の違いが少なからず発生するという点です。

例えば、『妙法蓮華経《みょうほうれんげきょう》』という漢訳されたお経があります。漢訳前のサンスクリット語は『サッダルマ・プンダリーカ・スートラ』です。

「サッ（sad）」を直訳すると、優れた、美しい、正しい、不可思議な等の意味となります。

「ダルマ」（dharma）は「法」という意味です。

「プンダリーカ」（puṇḍarīka）は、清浄な白蓮華。

「スートラ」（sūtra）は、たて糸という意味を表しています。

続けて訳しますと『正しい教えである白い蓮の花のお経』となります。

このお経は、鳩摩羅什の訳した『妙法蓮華経』のほかに、竺法護の訳した『正法華経《しょうほけきょう》』と、闍那崛多の訳した『添品法華経《てんぽんほけきょう》』が現存しています。

この他にも漢語訳したものが三つあったそうですが、今は失われて存在しません。このことを六訳三存と言ったりします。このようにお経は、たくさんの翻訳者が存在するため、その数は莫大なものとなるのです。

それに、過去の漢訳を後年になって、他の漢訳者が直すこともあり、そうなると、新旧の漢訳本ができてしまうわけです。

これは、海外の映画を見たときに、和訳のされ方で感動が変わることがあるのと同じだと思います。同じ映画でも、吹き替えや翻訳が複数存在するものがあり、鑑賞後の感動は大きく変わることもあります。

このように、翻訳者が誰なのかによって、少し内容や編纂《へんさん》の仕方が変わってきます。そんな中、最高の漢訳者だと言われる人物がいます。

それが、鳩摩羅什です。

鳩摩羅什は、父親がインドの貴族出身で、母親は亀茲国《きじこく》（現在の新疆《しんきょう》ウイグル自治区）の王族出身です。中国とインドに挟まれた亀茲国に生まれたことは、両国の言葉を理解するにはとてもよい環境だったのだと思います。

お経は受け取り手の状況や環境により感じ方が変化する

うまく言葉を翻訳するためには、両方の国の文化や考え方までも理解していなくてはならないと思います。

例えば「いただきます」という日本語があります。この言葉を英語に訳すと大抵の場合「Let’s eat」と訳されるようです。

逆に「Let’s eat」を日本語に訳すと「さあ、食べよう」となる気がします。しかしながら「いただきます」という日本語の中には「ありがとう」という感謝の気持ちが込められています。

この「ありがとう」の対象は、料理をしてくれた人、生産者、自然や命など多岐にわたります。そして、それらに感謝しながら食事をしますという宣言の意味も含まれます。

では日本映画で「いただきます」というシーンが出てきた場合、どのように訳すのが適切なのでしょうか。

これを訳すには、三通りの訳し方が考えられます。

一つは、直訳です。この場合は「Let's eat」となるかと思います。

二つ目は、音写です。音をそのまま訳とする方法です。ですので「Itadakimasu」という音をそのまま表現する方法です。

三つ目は、意訳です。意味を解釈してその国の言葉に直すやり方です。「いただきます」の場合、「感謝」「すべての命に感謝」などとなるかと思います。

これらの要素を加味しながら訳していくわけですが、名訳とされる訳し方はどのようなものでしょうか。

例えば、私が名訳だと思うものに「タバコ」があります。

「タバコ」は元々ポルトガル語でした。それを音訳したものが「タバコ」です。さらにそれを漢字に変換しますと「煙草」となります。これは当て字のようですが、まさに意訳と考えてもよいと思います。草から煙が出るタバコというものがどのようなものかが伝わってきます。

このように漢字にはその姿を表せる特性があるのです。

特に日本語はその漢字の特性を活かして活用しています。

例えば「雪崩」という単語があります。これを書き下すと「雪が崩れる」となります。漢字からその名称と意味までが理解できるのです。

その他にも「百足（むかで）」「悪戯（いたずら）」「強敵（きょうてき）」など、漢字からいろいろな意味が想像できるのです。


完璧な翻訳には、これらに加えて状況把握も大切な要因となります。

「上手」という単語がありますが、今、読者の皆さまはどのように音訳されたでしょうか。

この単語は状況の変化によって、意味や音が変わってきます。

「あの人は絵が上手だ」この場合「じょうず」と読みます。

「私より一枚上手だ」この場合は「うわて」。

「舞台の上手から出てきます」この場合は「かみて」となります。

このように、状況を理解していないと漢字の意味も音も変わってきます。

この点は、お経を解読するうえで、とても大切な要素です。

これらを詳細に精密に、そして繊細に駆使して訳すことができたのが鳩摩羅什なのです。


もう少しわかりやすく、映画でたとえてみましょう。

ハリウッドの映画を日本語吹き替えと、英語でそのまま見られた方の受ける印象が違うということがあります。

そして、同じ吹き替えを見た人でも、見た時の状況によって感想が変わることもあります。

それは、その映画を見た年齢であったり、その時の状況であったり、映画館の環境にも影響されると思います。

それほど面白いと感じなかった映画も、数年後に見ると素晴らしく感じることがあります。それは、本人を取り巻く状況の変化などに起因しているわけです。

これはお経も同じだと思います。若い人が見るのと、歳を経た人が見るのとでは、その素晴らしさの感じ方は違うものです。

そのため、鳩摩羅什がいろいろな知恵を絞って翻訳、漢訳してみても、そのときの読み手の環境や感性によってはその素晴らしさがなかなか理解できないかもしれません。

しかし**近代、ようやく本当のお経の素晴らしさとすごさを多くの方と共有できる時代がきた**と思っています。

その理由もまたこの先に書かせていただきます。

お経は時代が変化しても揺るがない真理を説いた「人生の攻略本」

さて、本題に戻りますが、これらの翻訳の内容はどのようなものなのかを説明させていただきます。

お経は、先にも述べました通り、いろいろな人が聞いた話が書かれていますので莫大な量があります。その数およそ八万四千とも言われています。

それだけの量のお経ですから、それぞれにまとめられた内容が異なります。内容が異なると言いましても、矛盾するところは一切ありません。

まずお釈迦さまは、※対機説法《たいきせっぽう》という手法でお話をされています。対機説法とは、相手の能力や理解力、状況などを踏まえたうえで話をすることです。

わかりやすく、私たちの日常に当てはめてみますと、ある子どもが虫歯で苦

【※対機説法】 相手の状況に合わせて適切な指導をすることから、応病与薬（病に応じた薬を与えること）とも言われる。

しんでいるとします。

その子どもが、チョコレートが欲しいと言ってきたとします。

私はたくさんのチョコレートを持っているのですが、その子にはチョコレートは持っていないと伝えます。

これは、その子どもに対する方便であり、これが対機説法なのです。

相手は子どもであり、虫歯の仕組みを理解していません。ましてや痛みで苦しんでいる最中です。その苦しみの中でもお菓子をガマンできずに、チョコレートを欲しがっているわけです。もちろん、分別ある大人は、すぐに与えるようなことはしないはずです。

一方で、虫歯もなく、食事の後にはきちんと歯磨きをする子どもであれば、チョコレートをあげます。

単純に、子どもにせがまれてチョコレートをあげるかどうかという点では、あげるときもあれば、あえてあげないときもあるという立場が、対機説法の基本的な考え方です。

ですので、一見答えが矛盾しているように見えても、よく聞くと矛盾していない一貫した答えがそこにあるのです。

莫大なお経はまさにそのようにできております。ですので一部分だけ取り上げて見ると、矛盾しているように感じることもありますが、そこには大切な真理が隠されているのです。

そんな対機説法も含め、**お経には真理が書かれています**。

真理とは、絶対的不変のものです。どんなに時代や世界が変化しても、真理は変化することがありません。

少しわかりにくいかもしれませんので、一つ例を挙げさせていただきます。

例えば、一つの風邪薬を作ったとします。

この風邪薬を実際に処方して、本当に効果が得られるかどうかを治験するとします。

そこで、風邪に似た症状がある方々、百名を集め、皆さんにその薬を試してもらったとします。

その結果、八十人の方の症状が明らかに改善されました。ですので風邪薬として販売が決定したとします。

この場合、効果が見られなかった二十名の方々は、取り残されてしまいます。ですので今度は、この方々にも効く風邪薬の開発がされていきます。

しかし、完全にすべての人の風邪を治す薬はなかなかできません。この薬が効く人、効かない人がいますので、その人に合った薬を探すしかないのです。ですから薬局に行きますとたくさんの種類の風邪薬があるのです。

このように、大抵の人には効果があっても、効果がない人も存在します。一般の例には当てはまらない、例外が必ず出てきます。

これは除菌シートの表記を見てもそう感じることがあります。その表記とは、「99・9％除菌できる」と書かれているものです。

これは公正競争規約に基づく業界ルールで、「１００％」とする表記を避けておられるからだそうです。基本的に百パーセントと言い切ることは、例外が発生する可能性を考えれば、難しいからだと思います。

では、この世の中に絶対、百パーセントと言い切れるものはどういったものでしょうか。

その一つは、数学です。

「1＋1＝2」これは誰が、どのような環境下で計算してみても、絶対に百パーセント「2」なのです。これに関して例外はありません。

このように**例外のない世界の法則を真理と呼びます**。

物質世界で数学は絶対的に真理なのです。

しかし、これはあくまで物質の世界でのお話です。

数学の真理を真理でなくす世界もあります、それは、精神世界です。

ここで言う精神世界とは、人間の感情や思想などを言いますが、その世界においては数学でさえも真理ならざる現象があります。

ここでもたとえ話を書かせていただきます。

例えば、バイオリン奏者がここに一人いるとします。そこへビオラ奏者が来ました。この時点で楽器奏者が二人となります。この二人が音楽を協奏し始めました。すると数学上は、楽器の音が二つとなります。しかし、曲としては一つと考えられます。この後もチェロやオーボエ、シンバルやフルート奏者などが集まって、大きなオーケストラとなったとします。奏者や楽器の数は増えましたが、その音楽は一つの曲となります。

このことは、スポーツでも同じようなことが言えると思います。チーム一丸となるという言葉はまさにそのことを表しています。

物質的な世界を飛び出せば、数学でさえも真理とは言えなくなることもあるわけです。

それでは、お経はどうなのでしょうか。

お経は物質世界についても、精神世界についても、またはこの世以外の世界についても多岐にわたって書かれております。

そして、どのような場所や時代、どのような世界においても真理であり続けることが書かれているのです。

簡単に言えば「このようにすれば、誰がやっても結果はこうなる」という真理の法則が書かれているのです。


一例を挙げますと、『大般涅槃経《だいはつねはんぎょう》』の中に「諸行無常《しょぎょうむじょう》　是生滅法《ぜしょうめっぽう》　生滅滅已《しょうめつめつい》　寂滅為楽《じゃくめついらく》」という文があります。これを訳しますと「すべてのものは無常であり、生じては滅する」という意味です。

命ある私たちは、いつか必ず死ぬのです。死は例外のない真理です。このように、真理というものには例外がないのです。

この例外のない真理が書かれているのがお経です。

すなわち、**お経に書かれていることをそのまま実行すれば、誰であれ、同じ結果を得ることができる**はずなのです。

テレビゲームをしていて、なかなかクリアできない場合、攻略本というものを読んで解決することがあります。

ＲＰＧゲームの場合で言えば、迷路の地図から、アイテムの取り方、敵のやっつけ方、ゲームをクリアするための方法が書かれているわけです。

まさにこれと同じで**「お経は人生の攻略本」**なのです。

しかし、お経には真理が記されている、ということに疑問を持つ方もおられるでしょう。

この証明については、第八章で詳しく解説いたします。

お経の伝来の歴史

お釈迦さまの入滅後、十大弟子を中心に
仏弟子が集まりお経の編集会議が実施。
その後、紀元前1世紀に文字で記されるようになる。

↓

仏教の教えの解釈や思想の違いにより細分化され、
20部のグループに分裂。
その中で、すべての人が救われるとした思想である
大乗仏教が生まれる。

↓

いくつかのルートにより、スリランカ、ミャンマー、タイなど
各地に広がる。中国へは、紀元前2世紀末頃より
シルクロードを経由し伝来。600年にわたる翻訳活動のなかで
宗派が生まれ、中国で発展していく。

↓

538年（飛鳥時代）に中国から朝鮮半島の百済を経由して、
日本に仏教が伝来。当初は異国の宗教として批判もあったが、
蘇我氏と物部氏の争いの末、崇仏派である蘇我氏が勝利。
推古天皇のもと、聖徳太子が仏教を日本に定着させた。

第二章

お経に記された四つの時

お経に記された未来に起こる〝三つの災い〟とは

一般的な仏教学者の先生方は、お経の道徳的な事柄はもちろん、哲学、心理学、そして科学的なことを研究されているのではないかと思います。

しかし、今回本書において、私がお経の何に注目したいのかと申しますと、それは未来について書かれた部分です。

お経には、宇宙の始まりから終わりまで、そして終わった後の世界についても書かれています。

まずは、お経に書かれた時間について紹介させていただきます。

『長《じょう》阿《あ》含経《ごんきょう》』などの中に「四劫《しこう》」という言葉が出てきます。

「劫」というのは、時間を表す単位です。ですから、一劫、二劫というように数えます。

では、一劫とはどのくらいの時間のことでしょうか。

お経の注釈書である『大智度論《だいちどろん》』という書物には、「一辺が四千里（中国の換算比で約二千キロメートル）ある岩を百年に一度だけ布で撫で、岩がすり減って完全になくなっても劫に満たない」と書いてあります。

岩というより山に近い感じがしますが、その塊を百年に一回だけ、布で撫でます。ミクロのレベルで岩が少し布によってすり減ります。こうしてその巨大な岩の塊がなくなっても、一劫には足りないそうです。人間の世界では、四十三億二千万年にあたると書かれた書物もあります。

落語の『寿限無』には「五劫の擦り切れ」という言葉が出てきますが、本当に途方もない時間なわけです。

さらには「神の一昼《いっちゅう》」だとも書かれており、神さまの世界の半日の長さが一劫なのだそうです。

想像を絶する永い時間のお話ですが、お経に説かれている宇宙の話には、この「劫」という時間の単位が非常に重要なのです。

なぜなら、**お経に説かれる宇宙は「四劫」即ち、四つの劫という時間を繰り返している**と書かれているのです。

最初の劫は「成劫《じょうごう》」と書かれています。この劫の期間は、宇宙や星々が生まれる成立期です。

二番目の時期は「住劫《じゅうこう》」と言われます。この時期は、衆生《しゅじょう》（人類を含む生命体）が安定的に存続する期間です。

三番目は「壊劫《えこう》」です。宇宙が破滅に向かって進む期間で、そのまま破滅します。

四番目は「空劫《くうごう》」です。すべてが破滅し、何もない期間です。この何もない「空劫」が終わると、再び「成劫」へと戻ります。宇宙は、この四劫が繰り返されているわけです。

時間の単位を「劫」と説明いたしましたが、この劫は、大劫・中劫・小劫に分かれます。これは、一時間は六十分、六十分は三千六百秒ということと同じです。

二十小劫で、一中劫となり、一中劫が四つで、一大劫となります。「四劫」は、各一中劫で構成されています。ですので「四劫」は各々、二十小劫の時間ということです。「四劫」の四つの期間が、一大劫となります。

この説明を書かせていただいたのは、現在がどの期間にあたるのかを割り出すためです。

現在、私たちがいる期間は「四劫」の「住劫」です。その「住劫」の中に二十小劫があるわけですが、現在はその中の九番目の小劫にいます。この時期を「住劫第九の減《じゅうこうだいくのげん》」と言います。

この「減」とはどういう意味でしょうか。

これを説明するにあたり「小劫」について書かせていただきます。

『仏祖統紀』という書物では、寿命が八万四千歳から始まり、百年ごとに一歳ずつ減らしていきます。そして十歳になるまでを一小劫と言います。寿命が減っていくことから、これを第一減劫と言います。

次に十歳から百年ごとに一歳を足していきます。そして八万四千歳になり、再び百年に一歳ずつ減らしていき、十歳になるまでが第二小劫です。第二の増劫および減劫と言います。このように増減を繰り返し、最後の第二十小劫は人の寿命が十歳から八万四千歳になる増劫のみで、減劫はありません。

「住劫第九の減」とは、この二十の増減のうち、九番目の減劫の期間に私たちは生存しているということです。

さて、私たちが生存している今は「住劫」ですから、安定的に存続していけるということです。しかしそう安心してはおられません。

その理由は「住劫」という期間では「三災」という三つの災いが起こると書かれているからです。

『倶舎論《くしゃろん》』という仏教の教義を整理した書物の中に「三災」には「大の三災」と「小の三災」があると書かれています。

「大の三災」は、世界の「壊劫期」に起こり、「小の三災」は「住劫期」に起きて衆生を害するとあります。

「大の三災」とは、火災・風災・水災の三つの災いで、「小の三災」は穀貴《こっき》、兵革《ひょうかく》、疫病のことです。

私たちの暮らしている期間では、この「小の三災」が起こるのです。

「小の三災」の穀貴とは、五穀の値段が異常に高騰することです。

兵革は戦争のことで、疫病は伝染病や流行病などのことを意味します。

「住劫」の中にある「滅劫」の終わりには「小の三災」が起こり、衆生が大きな被害を受け、「壊劫」の最後には「大の三災」が起こり、世界は壊滅すると説かれています。

「住劫」という安定的に存続できる期間にもかかわらず、人類は「小の三災」により害を受けてしまうのは、矛盾しているように感じます。

しかしそうではないのです。

主語を人類に限定して言えば、今を生きる私たち人類は全滅はしないのです。大きな被害を受けますが、一部の人間は生き残ります。

生き残った人類は、そこから再び人口を増やしていくことになります。

つまり現代は、「滅劫」から再び「増劫」へと変わる転換期にいるというわけです。

そして、その転換期に起こる現象が「小の三災」なのです。

これから人類は、五穀の高騰、戦争、未知の病原体による病気の蔓延に悩まされるのです。

現時点で考えてみても、すでに戦争、新型コロナウイルスの蔓延は起こっていますので、後は五穀のさらなる高騰が残されているだけかもしれません。

もちろん、今以上のことが起こる可能性も十分にありますが。

そしてここから先は、人類はほぼ死滅していると思いますので、関係ないかもしれませんが「壊劫」の末に起こることを少し書かせていただきます。

世界を焼き尽くす火災により新しい時代に移り変わる

「壊劫」も終わりに近づき「空劫」に移る前に起こる現象は、激しい火災です。その火災によってすべては「空劫」へと移り変わっていくのです。この炎のことを「劫火」と言います。

『守護国界主陀羅尼経《しゅごこっかいしゅだらにきょう》』というお経には

「※須弥山《しゅみせん》は金の山なり三千大千世界の草木をもつて四天六欲に充満してつみこめて一年二年百千万億年が間やくとも一分も損ずべからず、而るを劫火をこらん時須弥の根より豆計りの火いでて須弥山を焼くのみならず三千大千世界をやき失う」とあります。現代的意訳をしますと次の通りです。

「須弥山は金の山です。三千大千世界のすべての草木をもって、一年二年、百千万億年のあいだ焼いても、一分も焼け損ずることはありません。しかしなが

【※須弥山】 仏教世界の中心にそびえるとされる巨大な山。中腹から上空が天界で、地上が人間界。頂上には帝釈天が住む。

ら、世界が滅亡する壊劫が来て、劫火が起きる時は、須弥山の山の根から豆粒ほどの火が出て、須弥山を焼くだけではなく、三千大千世界をも焼き失うでしょう」

最後は巨大な太陽のようなものが爆発などして、その火によって宇宙がなくなってしまうということです。

お経の中に、よく「三千大千世界」と出てきますが、こちらも簡単に説明をしておきます。

一つの太陽と一つの月がある空間のことを「一世界」と称します。この「一世界」が千個集まると「小千世界」となり、「小千世界」が千個集まると「中千世界」となります。さらに「中千世界」が千個集まって「大千世界」と言います。千の世界が集まった世界なので「三千大千世界」と表記されることがあります。ここでは、宇宙全体を指す言葉だと理解しておいてくだされば十分です。

話を戻しますが、ここで大切なのは、宇宙という大規模な世界観では、この世は「小の三災」の起こる時期にあるということです。

お経から見た宇宙のサイクル

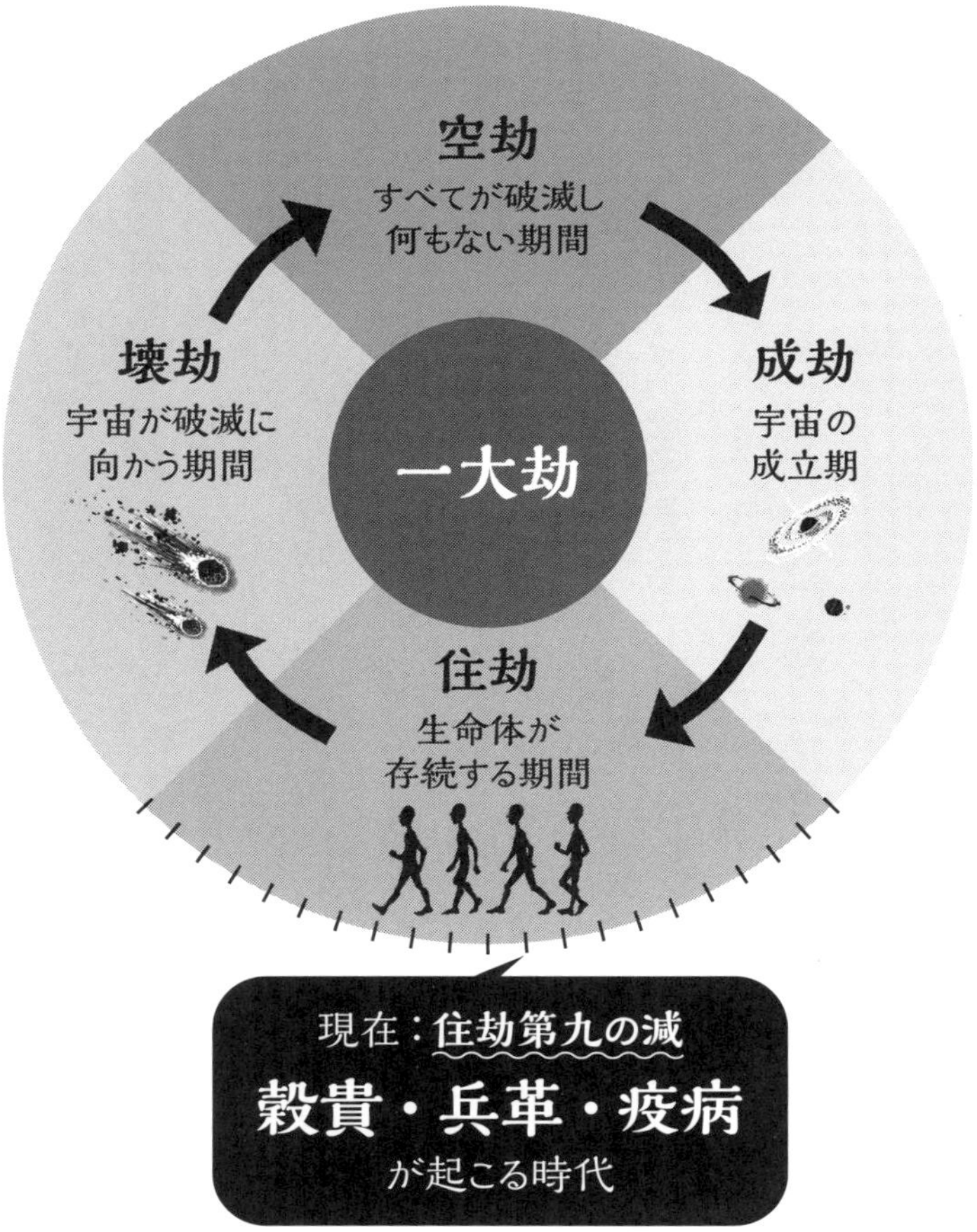

現代は、人類の危機的状況にあり悟りを得ることが難しい

続いては、宇宙規模の話から、地球規模の話へ移らせていただきます。

お釈迦さまが説かれた真理の中に、弟子に対して「決して、その内容を今は広めてはいけない」と言われた話があります。

お釈迦さまの教えは、たくさんの人に広めなくては意味がありません。広めることで、たくさんの悩める人々が救われるわけです。しかしながら、人に教えてはいけないと言われた教えがあるのです。

人に教えてはいけない教えであるならば、最初から弟子たちにも教えなければよいと思うのですが、そこには明確な理由がもちろんあるのです。

それは、〝その時〟というものを確認しながら、拠り所とする教えを変えなさい、ということです。

まずは〝その時〟について説明いたします。

お釈迦さまは、時代を千年ごとに大きく三つ、さらに五百年ごとに六つに分けておられます。

その分け方は、お釈迦さまが亡くなった年をスタートとしておられます。

最初の千年を「正法時代《しょうぼう》」と言います。

「正法時代」とは、正しく仏教の教えもあり、それを正しく修行する人も、悟りを得る人もいる時代です。

この時代はさらに五百年ごとに分けられており、先の五百年を「解脱堅固《げだつけんご》」、後の五百年を「禅定堅固《ぜんじょうけんご》」と分けておられます。

「解脱堅固」とは、修行する人が多く、悟りを得る人も多い時代です。

「禅定堅固」とは、瞑想による修行が盛んで、悟りを得る人も多い時代です。

どちらの時代も「正法時代」ですから、悟りを得やすい環境下ということです。

そして、次の千年が「像法時代《ぞうほう》」です。

この時代は、正しい教えは残っていて、それを修行する人々もいます。しかしながら悟りを得にくい時代です。

この時代は五百年ごとに「読誦多聞堅固《どくじゅたもんけんご》」「多造塔寺堅固《たぞうとうじけんご》」に分けられます。「読誦多聞堅固」とは、お経がよく読まれ、それを聞く人々が多くいる時代です。「多造塔寺堅固」とは、多くの塔や寺院が造られる時代のことです。

最後の千年は「末法時代《まっぽう》」です。

この時代は、お釈迦さまの教えは残っているものの、それを修行する人はほとんどいなくて、悟りを得るのはほぼ無理な時代です。

末法の始めの五百年は「闘諍堅固《とうじょうけんご》」、後の五百年の時代を「白法隠没《びゃくほうおんもつ》」と言われています。

「闘諍堅固」とは、どの教えが一番だとか、間違っている・正しいなど、お経の解釈の違いから争いが起こる時代です。「白法隠没」とは、正しい教えが埋もれて、隠れてしまう時代です。

なぜ、このようなことになるのでしょうか。私なりに考えました。

皆さまは「ジェスチャーゲーム」をご存知でしょうか。

身振り手振りだけで、ある事柄を伝えるゲームです。このゲームに「伝言ゲーム」の要素をプラスして「ジェスチャー伝言ゲーム」を作ります。

最初の出題者は「野球」を伝えることにします。バッターの素振りをしたり、ボールを投げる仕草をしたりします。次の人はそれを「野球」だとわかって、その次の人へと伝えていきます。

この時点が「正法時代」です。

しかし、十人目の人が「野球選手」と思ってしまったとします。「野球」という言葉は残っていて、それを信じて次の人に伝えようと努力をしていきます。

これが「像法時代」です。

像とは、形という意味で「野球」という形は残っていますし、必死にそれを伝えようとする人も残っています。

そして初めから数えて五十人目くらいで「野球」そのものを知らず、代わりに野球にすごく似ている「クリケット」を知っている人がいたとします。

これは「クリケット」に間違いないと次の人に伝えます。すると次の人はそれを「ゴルフ」だと勘違いしたとします。かろうじて「ボール」という共通点はあります。しかし「野球」とは全然違うスポーツになってしまいました。

それがやがて百万人になって、文化や時代が違う人たちも入ってきますと、ふざけてまったく違うジェスチャーをする人がいたり、元々の答えが残っているはずがないと考えて、やる気のない人も出てきたりします。

そして、やがて答えが「コアラ」となりました。しかしながら「ジェスチャー伝言ゲーム」のルール自体は残っています。

これが「末法時代」です。

これはかなり極端なたとえではありますが、私が言いたいことは、それほど「末法時代」というのは答えに辿り着く、つまり悟りを得ることが難しい時代ということです。

そんな「末法時代」ですが、今から約八百年から九百年前に突入しています。

現在、私たちは、末法時代の真っ只中に暮らしているのです。

しかも「第九の滅劫」にいますので、大変な時代に生きているのです。

ここまで読み進めていただきますと、かなり絶望的に感じます。

「末法時代」に「第九の滅劫」という転換期にいますので、人類が完全に滅びることはないにしても、危機的状況であることは間違いありません。

しかし、人類を脅かすものは、これだけではないのです。

さらにお経をひもといていきましょう。

仏教における時代区分

お釈迦さまの入滅

正法時代 仏教の教えが正しく広まり、正しく修業し悟りを開く人が多い	**解脱堅固** 修業する人が多く悟りを得る人が多い **禅定堅固** 瞑想による修業が盛んで悟りを得る人が多い	1000年
像法時代 仏教の正しい教えは残っているが悟りを得にくい	**読誦多聞堅固** お経がよく読まれそれを聞く人が多い **多造塔寺堅固** 寺院や塔が多く造られる	1000年
末法時代 仏教の教えは残っているが、修業をする人がほとんどおらず、悟りを得ることも難しい	**闘諍堅固** お経の解釈の違いや優劣から争いが起こる **白法隠没** 正しい教えが埋もれて隠れてしまう	1000年

現在

第三章
お経に記された未来予言

伝染病や戦争、異常気象… 人類に待ち受ける〝七つの難〟

お経には、未来に起こるいくつもの予言が書かれています。

それは、末法時代を生きる人たちに向けたものです。

悟りを得た瞬間、宇宙の初めから終わり、つまり過去から未来までのすべてのことが理解できるのです。

ですから当然「末法時代の第九の減劫」の様子もわかるわけです。お釈迦さまは、そのときに起こる様々な現象について語っておられます。

そのときに世界に何が起こるのか。

それは**「三災七難」が起こる**のだとおっしゃっておられます。

ここから先に書く中で「国」というものが出てきますが、ここでは日本のこと捉えてください。

「三災七難」とは、先に紹介しました「三災」と、「七難」という七つの難が起こることです。

まずは「七難」について書かれているお経を見てみましょう。

そのお経は『薬師瑠璃光如来本願功徳経《やくしるりこうにょらいほんがんくどくきょう》』、一般的には『薬師経』と呼びます。

このお経には「七難」について次のように書かれています。

一．「人衆疾疫難《じんしゅうしつえきなん》」

この難は、**伝染病が流行し、多くの人々が命を落とす**という難です。

二．「他国侵逼難《たこくしんぴつなん》」

これは、**他の国から侵略されるという意味で、侵略戦争に巻き込まれる**ということです。

三．「自界叛逆難《じかいほんぎゃくなん》」

自界とは、自らの場所を意味します。すなわち**自分の国の中で反逆が起こる**

という難です。テロなどもそれにあたります。

四．「星宿変怪難《せいしゅくへんげなん》」

信じられない話ですが、星の位置や運行に異常が起こることです。

五．「日月薄蝕難《にちがつはくしょくなん》」

日食や月食が時期を選ばずに起こるとされています。しかし私の解釈は、太陽と月の光が弱まるのではないかと考えています。

六．「非時風雨難《ひじふううなん》」

これは、台風や豪雨が、時期を問わずに起こることです。

七．「過時不雨難《かじふううなん》」

これは、梅雨の時期中から、梅雨が過ぎても、雨が降らない天候不順が起こるというものです。

これら七つを「七難」と言います。

“災い”は止めることができないが、“難”は人間の力で止めることができる

次に『仁王経《にんのうきょう》』というお経にも「七難」が書かれていますので紹介します。

一．「日月失度難《にちがつしつどなん》」

先の『薬師経』の中の「日月薄蝕難」と同じ意味です。私が太陽の光が弱まると解釈したのは、このお経に「度」を失うと書かれていますので、そのように解釈をしています。

二．「衆星変改難《しゅせいへんかいなん》」

こちらも『薬師経』でいうところの「星宿変怪難」にあたります。

三．「諸火梵焼難《しょかぼんしょうなん》」

多くのものが、火によって焼けてしまうという意味です。こちらについては、ミサイル攻撃によるものや、原発の爆発などが考えられます。

四．「時節反逆難《じせつほんぎゃくなん》」

こちらは、冬なのに暑さがひどかったり、夏に寒かったりする難です。

五．「大風数起難《たいふうすうきなん》」

『薬師経』の「非時風雨難」と同じと見てもよいと思いますが、こちらは台風が数多く来るという意味です。

六．「天地亢陽難《てんちこうようなん》」

こちらは雨が降らない干ばつを意味します。『薬師経』の「非時風雨難」と同じです。

七．「四方賊来難《しほうぞくらいなん》」

こちらも『薬師経』の「他国侵逼難」と同じく、四方から敵が攻めてくる戦争を意味しています。

ここで気になるのが、この二つのお経に書かれた「七難」の表記が違うことです。意味しているところは似ていますが、表記は違っています。

実はお経には「七難」の他に、「七難」が起こる前兆や、同時に起こるであろう二十九の現象が書かれています。ですので、その中から何を代表的に「七難」とするかの違いだと思われます。

『仁王経』の「日月失度難」には五種類の現象があり、「衆星変改難」に四つ、「諸火梵焼難」に五つ、「時節反逆難」に六つ、「大風数起難」に三つ、「天地亢陽難」に三つ、「四方賊来難」に三つがあります。合わせると二十九の難となります。難の起こる順番については、記述がありません。ですので順不同に起こっていくということです。

この他のお経『金光明経《こんこうみょうきょう》』『大集経《だいじっきょう》』『守護経《しゅごきょう》』『首楞厳経《しゅりょうごんきょう》』などにも災難による記述がありますが、ここでは『薬師経』に焦点を絞りたいと思います。

『薬師経』の「七難」を現在に当てはめて考えてみます。

「人衆疾疫難」は、新型コロナウイルスの流行がありますので、すでに起こってしまっています。

「他国侵逼難」は、他国のスパイの侵入や工作がすでに起こっている可能性があるのではないかと思いますが、まだ起こったと言い切ることはできません。

「自界叛逆難」は、今のところ、起こっていません。

「星宿変怪難」は、今だ起こっていません。

「日月薄蝕難」は、まだ起こっていません。

「非時風雨難」は、豪雨や雹《ひょう》などが時期を選ばず起こっています。

「過時不雨難」は、似たような現象はすでにあるように思いますが、長期にわたる干ばつは起こっていません。

こう考えますと「七難」の中で、すでに起こったと言えるものは「人衆疾疫難」「非時風雨難」「過時不雨難」の三つではないかと考えています。

人によっては「他国侵逼難」はすでに起こっているという見方もあるかもしれません。いずれにせよ残りの難は、三から四つと考えられます。

残りの四つの難が起こったその時、この国はなくなってしまいます。

ここまで書いてきました、三つの災いと七つの難のことを「三災七難」と言いますが「災い」と「難」には、ある違いがあります。

その違いとは「災い」は自然界の法則により起こるもので、人間の力で止めることができないものです。

しかし「難」に関しては、人間の力で止めることができるものです。

お経の素晴らしいところがこの部分だと思っているのですが、「三災七難」を防ぐ、あるいは最小限の被害に抑える方法が説かれているのです。

例えば、星占いで「今年の双子座は最悪の年です」と書かれていたとします。

私は双子座生まれですので、回避方法がないわけです。

しかしながら、その年は例年以上に、いろいろなことに気をつけて生活をすることで、最悪の事態を回避することができるかもしれません。

占いであれば「回避できるかもしれません」なのですが、お経の場合は「確実に回避ができる」方法が書かれているのです。

「三災七難」を乗り切る方法は、先に書かせていただきました「決して、その内容を今は広めてはいけない」と言われた「禁じられたお経」である『妙法蓮華経』（『法華経《ほけきょう》』）に記されているのです。

人々が信仰を失うとき 神が国を見捨てて悪が増幅する

お経の中には、さらに多くの予言が書かれています。

『金光明経』の「四天王護国品《してんのうごこくほん》第十二」には、次のように書かれています。あるとき持国天《じこくてん》・増長天《ぞうじょうてん》・広目天《こうもくてん》・毘沙門天《びしゃもんてん》の※四天王が、お釈迦さまに次のようにお話をされました。

「ある国王が治めている国のお話です。その国には、このお経が伝わってはいるのですが、少しも広まっていません。そして、国王も人民も、この経が尊いものだとも思わず、聞こうともしないのです。そして、この経を伝え広めようとする仏の弟子たちを見ても、誰も尊んだり供養しようともしません。

ですので、私たち四天王と、私たちに従う多くの天の神々は、この妙法を聞

【※四天王】仏教守護の神さま。須弥山を中心とし東西南北にわかれて、悪鬼などから仏教や仏さまを守っている。

くことができないので、私たち神々の身を養う正法の甘露の法味を受けることができません。そのために私たちの権威も力もなくなってしまいます」

「ある国王が治めている国」とは一つの例であり、私たちの暮らすこの世界だと思ってください。

この国で、お経はあるのですが少しも広まっておらず、尊いものであるということも理解していません。そのために神々の身を養う甘露の法味を受けることができないので、神々は力を失うのです。即ち、妙法というお経は、神々が必要とする栄養分で、それがなくなると神々は力を失ってしまうというのです。

「神さまが本当にいたら、不幸なことは起こらないはずだ」と主張される方が時々おられます。しかしこれは間違いだということです。

いくら神々が人間を助けようとしても、人間がお経を勉強しなかったり、大切にしないのが原因で力が失われ、助けることができないのです。

そして神々が力を失うと、どうなってしまうのでしょうか。

「そうするとどうなってしまうのかと言いますと、この国は、地獄（瞋《いか》り）、餓鬼（貪り）、畜生（痴《おろ》か）、修羅（闘い）の四つの悪い精神ばかりが増して、人間界や天上界の善い心を持った人々は少なくなって、人々は生死の苦しみと迷いの苦悩の世界に落ちて、悟りへの道は遠くなってしまうのです。

私たち四天王やその従者は、このような人間たちの様子を見て、守護をする気が失くなって、国を見捨てて他へと去っていきます。これは私たちだけではなく、この国を守護する多くの神々もこの国を見捨てることになるでしょう。そうなれば、この国には多くの災難が起こり、政治を司る人たちはその地位を失います。

そして国民は、道徳心や宗教心、善い心を失い、人を縛ったり、殺し合ったり、言い争ったり、互いに謗《そし》ったり（悪く言ったり）、罪のない人に罪に被せたりするようになります」

四天王や神々が国を見捨ててしまうと、地獄（瞋り）、餓鬼（貪り）、畜生（痴か）、修羅（闘い）の四つの悪い精神ばかりが増すとあります。お経には「四《し》悪趣《あくしゅ》」と書かれています。

この**「四悪趣」が増えるとは、簡単に表現すると、イライラが増える**ということです。例えば、道にゴミをポイ捨てする人がいるとします。それを見た人がその人に注意をします。するとポイ捨てをした人が「何が悪いんだ。気がついたならお前が拾え」と逆ギレしてきたとします。そうなると注意した人も腹を立てて言い返し、言い争いが始まります。やがて暴力的に殴り合いに発展することにもなりかねません。

悪口や誹謗中傷も増えています。昨今のＳＮＳでもその傾向が見られます。

この**根本原因は、絶対的な正しい教えを失っているからに他なりません。**

「さらに、疫病が流行します。そして彗星がたびたび出現し、太陽が同時に二つ現れたりします。太陽や月の光がいつもとは違い、光が薄くなります。白黒

の虹が出て、流れ星が増えて地震が起こり、井戸の中から異様な声が聞こえる。季節外れの暴風雨が襲ってきて、作物が実らなくなり食糧難になります。

さらに、国内に敵が入り込み、国の中に安心して住める場所がなくなります」

疫病の流行はすでに起きております。

彗星とは、所謂ほうき星のことで、光の尾を引きながら流れる天体のことです。太陽が同時に二つというのは、新星爆発のことではないかと思っています。例えば、オリオン座のベテルギウスは超新星爆発が近いと言われています。もし爆発すると太陽ほどではないもののお月さまくらいの明るさが一週間程度続くという説もあるそうです。

そうなって、白黒の虹が出たり、井戸からは何か異様な声がしたりして、最終的には安心して住める場所がなくなってしまうのです。

破滅の合図は鬼の侵入　国の功徳が尽きて、空に異常が起きる

ここまでは『金光明経』の「四天王護国品第十二」に記された内容です。次に『仁王経』の中の「護国品」に書かれているものを紹介します。

「国が乱れる時は、最初に鬼が人々を乱します。人々が乱れ始めると、海外から侵略目的の敵が入ってきます。農家の担い手が減少してきます。政治家の間では、正しい、正しくないという議論ばかりが増えてきて、一向に答えが定まりません。天地では奇怪な現象が起こり、星の運行異常や、太陽と月の光が弱まってきます。

そして、その国の積んできた功徳が残り少しになってくると、聖者はこの国を捨て去るでしょう。そうなれば、七つの難は、必ず起こることになります」

破滅の始まりの合図は、鬼です。鬼がこの国に侵入し、人の心に入って惑わしてくるのです。**鬼がいるなどと馬鹿げた話に思うかもしれませんが、鬼は存在するのです**。

鬼が入ってくる方角は、鬼門です。鬼門は「北東」です。北東の方角は、清潔で清く保たなければなりません。各家庭でもそうですが、国も同じです。鬼門はとても大切で、**鬼門である「北東」に汚れたものを作ってはなりません。もしそのようなものを置くと、鬼門が破られてしまう**のです。そうなると、そこから鬼が侵入し、人々を乱れさせ、悩ませてしまうのです。

政治では、軸となる教えがありません。何が正しくて何が間違っているのかがわかりません。そんな時に「お経」を軸として考えなければならないのです。聖徳太子が作られた日本最初の憲法である「※十七条憲法」は、仏教を基盤に作られています。即ち「お経」を教科書に作られたものなのです。

【※十七条憲法】 現在の憲法とは異なり、官人としての心得や道徳を説いたもの。

このように、基となる教えは、各々の宗教観からできているのですが、現代の日本では何がその役割を果たしているのでしょうか。それが定まらなければ、**この国にとって本当に正しい答えは得られず、論争ばかりが続く**かもしれません。

そして人々が乱れ始めると、星や日月に異常が現れ出します。これが、その国の持つ功徳が尽きる合図なのです。

国の持つ功徳とは、その国が、そして国民が、過去に善行を行ってきた功徳のことです。この国の持つ功徳が多ければ、聖人と呼ばれる人々が国に来て、大きな幸福と安らぎをもたらします。

しかし、**功徳を積まず、積もうとも考えない国になってしまうと、今までの功徳もなくなり、聖人と呼ばれる人々はこの国を捨て去ってしまう**のです。そうなると「七難」は、絶対にやってくると書かれているのです。

戒律を守らない〝悪い僧侶〟が増えた結果想像を絶する恐怖が起こる

次に『仁王経』の中の「属類品《ぞくるいほん》」の一部を書かせていただきます。

「多くの悪い僧侶たちが、多くの利益と名声を求めて、政治家に対し正しくない教えを説き、その国を滅ぼす原因となる、自分で考えた教えを説くでしょう。政治家たちは、正邪を見分けることができずに、その者たちを信じて、勝手な法律や制度を作ります。これが、国を滅ぼす原因となります」

ここで言う「悪い僧侶」とは、日本のお坊さんを指しているわけではありません。原文では「悪比丘《あくびく》」と書かれています。「比丘」とは僧侶や出家者のことです。ではこの「悪比丘」とは誰のことでしょうか。

もちろん、日本の僧侶も意味するのでしょうが、注目すべきは「自分で考えた教えを説く」という部分です。お経の原文では「自説」と書かれています。日本の僧侶の場合、自分の説ではなく、お経の解釈を説きます。

ここで言う「自分で考えた説」とは、カルト教団を指すものだと考えています。カルト教団の中でも、教祖が霊感で閃いたとか、神さまからの啓示を受けたとか、霊感でそう感じたと言う教祖がいる教団です。

「神から啓示を受けた」と言われた場合、それが本当かどうかの検証ができません。私の場合で言えば「他人の物を奪うように啓示を受けた」と言ったところで、お経のどこにそれが書かれているかで、正邪の判断ができます。お経には「他人の物を奪ってはならない」と書かれていますので、私の言ったことが間違いであるとわかるわけです。

仏教のように、経典を軸に信仰をする教団は、その僧侶の発言を経典によって正邪の確認をすることができますが、先のカルト教団の場合にはそれができません。信じるか信じないか、その人個人が決めることになります。この正邪の確認ができない教団の教祖などで、自分の名利を求め「自説」を説く人を「悪い僧侶」と言います。反社会的、反国家的な思想を持つ宗教が入ってきて、政治家に近づき、騙すわけです。そして自分たちに都合のいいような法律や制度を作らせ、国を壊していくのです。

次に『大方等大集経《だいほうどうだいじっきょう》』に書かれた予言を見てみましょう。

「仏さま（お釈迦さま）の教えが滅びる時、教えを広める立場の僧侶が、ひげや頭髪、爪までも伸ばし、戒律も守らなくなります。そうなってくるとある時、空から大きな声がして、地面が振動します。そして世界中に地震がきて、まるで水車のようになってしまいます。建物は破れ落下し、木や草や花や果実などは、その味も栄養分も失ってしまいます。そして、助かる方法が説かれた教えはこの時にすべて失われます。

果実は希少となり、数が激減します。もしも見つけて口にしても、まったく

美味しくはありません。井戸や泉、池はすべて枯れてしまいます。そして地面は塩を含み、ひび割れて盛り上がり丘のようになるでしょう。山はすべて燃えて、天の龍たちも雨を降らさなくなります。穀物の苗はすべて枯れ、生き物は死に絶えて、一本の草さえも生えなくなってしまいます」

ここでは仏の教えが滅びる時について書かれています。僧侶が、ひげや髪の毛、爪を伸ばし始めるとあります。そして戒律を守らなくなるとはどういうことでしょうか。

すでに僧侶の中には頭髪やひげを伸ばしている方がおられます。また、僧侶であるにもかかわらず、お酒をたらふく飲む方、タバコを吸う方もおられます。そういう僧侶が増えてくると、次に起こる現象としては想像を絶する恐怖が待っています。空で何か大きな音がして、地球全体に地震が起こるのです。

そしてお経の原文を載せますと「一切皆遍動、猶如水上輪」と書かれています。「**世界中が水車のようになる**」という意味です。

私の見解は、一瞬ではあると思うのですが、重力がなくなるのではないかと考えています。そうなって、建物や草木も空中に投げ出されて、すぐに重力が戻って落下してくるという現象が起こるのだと理解しています。科学的に考えれば「ポールシフト」がそれではないかと考えています。

これは、**磁場の逆転現象のことで、地球の北と南、N極とS極が引っくり返る現象**です。これが起きる時に何が起こるのかは諸説あるのですが、私はこの時に、地軸にも異常が起こり、その影響で重力にも異変が起こるのではないかと思います。

そして、結果的には、**生きとし生けるものたちはすべて完全に滅び、一本の草さえも生えない荒れ果てた地球となる**のです。

八百年周期説から現代に起こる出来事が予測できる

それでは近い未来に何が起こるのか。「八百年周期説」からさらに読み解いていきます。

八百年周期説とは、人類の文明や文化が八百年周期で変化しているという説です。その説によれば、西暦二〇〇〇年前後を切り替わりの年とされています。もちろん、八百年目で急に変わるわけではなく、その前後二十年ほどは許容範囲と考えて問題ないと思います。

第二章で、現在は「末法時代」の真っ只中であると解説しました。

今から約八百年前の鎌倉時代から末法に入っており、鎌倉時代は『妙法蓮華経』を日本全国へ広めようとした※日蓮聖人が活躍された時代でもあります。それらを加味して約八百年前を見てみたいと思います。

【※日蓮聖人】「日蓮宗」の開祖。五十年にわたり説法を広め、晩年の八年で『妙法蓮華経』を説く。末法時代に人々を救う仏として出現したとされる。

まずは、西暦二〇〇〇年（現在）から八百年を引きますと、一二〇〇年となります。即ち、前回の切り替わりの時期は、一二〇〇年前後にあったという計算になります。

そこで、私はさらに細かな時期の特定を十干十二支《じっかんじゅうにし》を組み入れて考えてみました。

十干とは、甲《きのえ》、乙《きのと》、丙《ひのえ》、丁《ひのと》、戊《つちのえ》、己《つちのと》、庚《かのえ》、辛《かのと》、壬《みずのえ》、癸《みずのと》という中国でできた暦です。また十二支とは、子《ね》、丑《うし》、寅《とら》、卯《う》、辰《たつ》、巳《み》、午《うま》、未《ひつじ》、申《さる》、酉《とり》、戌《いぬ》、亥《い》のことです。

これらの組み合わせで、年に当てはめますと、始まりが「甲子」で、最後が「癸亥」となり一周するのに六十年かかります。人間が、折り返し地点である六十年目を還暦と呼ぶのはこの暦から来た言葉です。

さて、十干十二支の始まりの「甲子」にあたる年を一二〇〇年前後で探しますと、一二〇四年になります。この年が「甲子」にあたるのです。

私は仮にこの年が、切り替わりの年だと考えました。

一二〇四年と言えば、鎌倉時代の建仁《けんにん》四年にあたります。建仁四年という年は、現代の日本と自然災害や政治の状況など、いろいろと酷似した状況が見て取れます。

鎌倉時代の公家である藤原定家が書いた『明月記《めいげつき》』には、治承《じしょう》四年（一一八〇年）から嘉禎《かてい》元年（一二三五年）までの五十六年間に起きたいろいろな気象現象や自然災害の様子などについて書かれています。この『明月記』の中に、建仁四年についての記述が次のように残っています。

「秉燭以後北并艮方有赤気、其根ハ如月出方、色白明、其筋遙引如焼亡遠光、白色四五所、赤筋三四筋、非雲非雲間星宿歟、光聊不陰之中、如此白光赤光相交、奇而尚可奇、可恐々々」

「燭台に燈を点けた後、北及び東北の方に、赤気を確認した。その赤気の根元は、月が出たような形で、色は明るく白かった。その筋は長く伸び、遠くの火

事の光に見える。白い色が四、五箇所、赤い筋が三、四筋。それは雲ではなく、雲間の星でもない。光は少しも陰ることなく、白い光と赤い光とが入り交じっている。とても不思議で、恐るべきだ」

さらには、その二日後、次のようにも書かれています。

「秉燭以後北艮方又有赤気、如隔山焼亡、重畳尤可恐」

「燭台に燈を点けた後、北と東北の方に再び赤気が見える。山を隔てたところが焼けてなくなるのではないか。重ねて恐ろしい出来事である」

この『明月記』に記された「赤気」とは、オーロラのことです。場所は京都で書かれています。建仁四年（一二〇四年）に、京都で赤いオーロラが数日にわたって見えたということです。

これは『薬師経』の「星宿変怪難」であり、『仁王経』の「衆星変改難」に当たります。そういった意味でも、この年を起点に考えたいと思います。

そして九年後の建暦《けんりゃく》三年（一二一三年）の『吾妻鏡』にはこのように記しています。

「午剋大地震、有音舎屋破壊、山崩地裂、於此境近代無如此大動云々」

「午前一時から午前三時の間に、大地震。家屋が音を立てて壊れた。山は崩れ、地は裂かれる。この辺りで近代に比べようのないくらい大きく動いた」

この地震は鎌倉で起こり、大きな被害を出しました。しかし大きな地震ではありましたが、この十四年後、さらなる巨大地震が来たのです。

嘉禄《かろく》三年（一二二七年）の『吾妻鏡』の記述です。

「戌刻大地震、所々門扉築地等顚倒、又地割云々、去建暦三年（中略）如此之有大動」

「午後七時から午後九時の間に大きな地震があった。門や扉、壁などが倒れた。また地割れも発生した。建暦三年の時のように大きく動いた」

そして、この地震から三年後の寛喜《かんぎ》二年（一二三〇年）に「寛喜の大飢饉」が起こります。『北條九代記　巻第七』にはこう書かれています。

「去ぬる九日辰刻に、当国蒔田荘に大雪降りて、一尺余に及ぶ（中略）武蔵国金子郷にても、この日、雪交りに雨降りて、後には雹の降りければ、これに打たれて、鳥獣多く死せし」

「寛喜二年（一二三〇年）六月九日（現在の七月二十七日）の午前六時から午前十時の辺りで、現在の岐阜県大垣市にて、大雪が降り、三十センチほど積もった。（中略）埼玉県の入間市でも雪が交じった雨が降って、その後、雹が降ってきた。この雹に当たって、多くの鳥や獣が死んだ」

その後も寒さが続き、現在の暦で九月に入ってからは「草木葉枯れ、偏に冬気の如し。稼穀みな損亡」と記されています。

そして翌年の春の記述には「天下の人種《ひとだね》三分の一失す」書かれています。実に日本の三分の一の人が餓死をしたということです。

大地震、食糧難…近い未来に待ち受ける災難とは

さて、私が約八百年前の様子をここまで書いてきたのには理由があります。約八百年前に起きた日本の自然災害を、お経を通して現代と照らし合わせて見た時、私には酷似している部分がかなり多くあるように思えるのです。

まず、一二〇四年から八百年後（八百年周期説）を計算すると、二〇〇四年（平成十六年）になります。

この平成十六年の辺りで、『薬師経』『仁王経』にあるような、空に異変が起こったことはないかを調べてみました。すると、平成十四年（二〇〇二年）に赤いオーロラが日本で観測されたという記録がありました。

二〇〇二年四月、低緯度オーロラが北海道で観測されています。その時の様子は、空が赤く光ったように見えたそうです。正に赤気です。

現代では、空が赤く染まるという現象は、低緯度オーロラの発生だと理解できます。原因も気候変動が起因であるとわかります。ですから、取り立てて不吉な出来事ではないと思われがちです。

しかし私は、空と地上には、目に見えない繋がりがあると思っています。巨大な磁気嵐が発生すると、低緯度地域に赤いオーロラが発生することは科学的に確認されています。

また、京都大学防災研究所地震災害研究センター准教授の伊藤喜宏先生によれば、巨大地震の前には、スロー地震という現象が起こるそうです。

この地震の振動波が、電離層を刺激してオーロラを発生させるという説も科学的に言われております。

このようなことから、私はこのスロー地震と磁場には、関連性があると思っています。なぜなら、磁場とは、お経で言うところの「地精気」（第七章参照）に含まれます。ですから「空」の異変は、すなわち「地」の異変でもあるわけです。

平成十四年は赤気が出た年ですので、現代の事の起こりの年とします。鎌倉時代ではこの赤気から九年後に大地震が起こっています。そこで鎌倉時代と同じように、平成十四年（二〇〇二年）に九年を足してみます。

すると**平成二十三年（二〇一一年）になります。この年は説明の必要はないと思いますが、東日本大震災が発生しています。**

「そんなの偶然だ」「他にも地震は起こっている」と言う方もおられると思います。しかし、私はこの時の地震は、特別な意味のある地震だと思っています。

この予測は、お経の解読はもちろん、十干十二支、八百年周期説、科学的知見に古文書など、色々なものから未来を読み取った結果です。この中で、十干十二支を時間ではなく、方角で見た時、日本にとって重要な事態が見えてきます。その事態を昔話の「桃太郎」に沿って説明したいと思います。

皆さまご存知だとは思いますが、桃から生まれた桃太郎が、猿と雉と犬をお供に連れて鬼退治に行くというお話です。なぜ桃太郎は、猿と雉と犬をお供に選んだのでしょうか。これには明確な理由があります。

桃太郎のお供は、干支にあります「猿、鳥、犬」で構成されています。そしてこれは、ある方角を意味しています。その方角とは「裏鬼門」（鬼門を抑える方位）に当たる「南西」です。

そして「鬼門」についてはP．64で軽く触れましたが、「鬼ヶ島」のある方角です。即ち「北東」にあたります。**昔話の「桃太郎」は、北東にある「鬼門」から入ってくる鬼を退治するお話なのです**。

この昔話からもわかるように「鬼門」即ち「北東」は、とても重要で大切な場所なのです。風水でも重要箇所とされ、一番大切で清潔に保たなければならない場所とされています。

これを日本列島に当てはめた時「鬼門」となる方角は、東日本大震災が起こった「東北」です。**「東北」は、日本にとって、清浄に保たなければならない特に大切な場所なのです**。

その場所で天災や原発事故が発生したことは「三災七難」と照らし合わせてみた時に、次なる災難の警告にも思えるのです。

そして、鎌倉時代には、建暦三年（一二一三年）の地震から十四年後に、同じような大地震が日本を襲っています。これと同様に、平成二十三年（二〇一一年）の十四年後、すなわち、**令和七年（二〇二五年）にも同じような地震が来るのではないか**と心配をしています。

「鬼門」を破られた今、鬼が攻め込むとすれば「裏鬼門」になります。日本列島のどの部分を中心とするかで多少の誤差はありますが、仮に京都を中心に見てみたり、列島全体から中心を割り出したりしてみました。

その結果**「裏鬼門」は、四国と南九州辺りが該当する場所だと思います**。

そしてもし、令和七年（二〇二五年）に地震が来たとすると、その三年後、現代では**令和十年（二〇二八年）には、大変な食糧難が来る**こととなってしまいます。とはいえ、鎌倉時代とは違い科学も進んでいる現代と比べると、そこまでの飢饉にはならないと考えることもできます。

しかし私は、そうでない可能性が高いのではないかとも思っています。

と言いますのも、鎌倉時代以上に現代の方が気候変動が大きくなっています。それに、お経をひもといてみても、末法時代もだいぶ経過しています。それを加味すると、決して安心はできません。

約八百年前と現代とでは、土の質もずいぶんと変化しています。酸性雨や農薬散布、有害な排水や漏水、廃棄物や不法投棄などの影響によって、土壌の汚染は深刻なものになっています。

その他にも、国際情勢によって食品の輸入が思うようにできなくなれば、現在の日本の食糧自給率から勘案して、鎌倉時代の飢饉に似た状況になるかも知れません。

鎌倉時代には、初夏に雪が降るという「時節反逆難」が起こっていますので、これが起これば、飢饉の前兆だと考えていただきたく思います。

ここでのお話は、あくまで単なる私の導き出した予測であります。決してお経に年月日が記されているわけではありません。二〇二五年に必ず起こるということではないのですが、心構えはしておいていただきたいです。

そして、大災害や飢饉を極力最小限に抑えるために、私たちが努力しなければばいけないことは間違いのない事実です。その努力の仕方については、後に記します。

ここで少し、地震が起こることによる吉兆についてもご紹介しておきます。

『妙法蓮華経・従地涌出品《じょうじゆじゅっぽん》第十五』に次のような記述があります。

「娑婆世界《しゃばせかい》　三千大千国土《さんぜんだいせんこくど》　地皆震裂《じかいしんれつ》　而於其中《におごちゅう》
有無量千万億《うむりょうせんまんおく》　菩薩摩訶薩《ぼさつまかさつ》　同時涌出《どうじゆじゅつ》」

「娑婆世界の三千大千国土」とは、地球を含む宇宙の一部の星々のことです。それらの地が地震のように揺れて、地割れを起こした時、その中よりたくさんの菩薩が、同時に涌き出てくると書かれています。

菩薩とは仏さまの使いであり、私たち人間を手伝い、助けてくださる方々です。**大きく地が揺れた時、多くの菩薩さまが地面より出てくる**と書かれているのです。

次に来る地震がその時であるかどうかはわかりませんが、人類の今後の行い次第では、現れてくださるはずです。

ちなみに、この菩薩さま方のことを地面から涌き出て来られるので「地涌《じゆ》の菩薩」と呼びます。

「地涌の菩薩」の住んでいる場所について、お経にはこう書かれています。

「先尽在《さきじんざい》　娑婆世界之下《しゃばせかいしげ》　此界虚空中住《しかいこくうちゅうじゅう》」

「娑婆世界の下」はすなわち、地面の下のことです。

そして「此界虚空中住」地面の下の空洞に住んでいると書かれています。

現代風に言い換えれば「地底人」となるのでしょうか。時々、そこから飛んで出て、上空にも行かれるようです。

人類はこの宇宙において、孤独ではないということです。

第四章

禁じられたお経

時代に即さないお経を広めてはいけない理由

お経には、「その時代や時期によって、拠り所とするお経を変化させて行かなくてはいけない」と書かれています。

お経の真理そのものが変化することはありませんが、拠り所とするお経は時代によって変えなければならないのです。

それはなぜでしょうか。

例えば、頭痛持ちの方がおられたとします。この方は、最初は軽い頭痛薬を飲んでおられましたが、薬に慣れたのか、効果が薄れてきました。そこで、さらに強めの薬を飲まれるようになりました。しかしそれもしばらく飲み続けますと、効かなくなってきて、さらに強い薬を飲むようになりました。

やがてその方は、薬すら飲むのをやめてしまわれました。ですから、いつも頭の痛みに苛《さいな》まれながら生活をされています。

ここで言う薬とは、お経のことだと思ってください。頭痛の症状を「時代」に置き換えますと、次のようになります。

「正法時代」のときには、軽い薬でも効果がありました。

「像法時代」のときには、少し強めの薬で効果が得られました。

「末法時代」の今は、かなり強めの薬を飲まなくてはいけないのですが、もう薬を信じられなくなって、頭の痛みと戦いながら生きていかなくてはならない状況にあるということです。

P．42でも解説していますが、お釈迦さまが説かれた真理の中に、弟子に対して「決して、その内容を今は広めてはいけない」と言われたのは「正法時代」に「像法時代」「末法時代」のお経は、まだ必要がなかったからです。

「末法時代」用の教えは自分が生きている間には必要がないからと、その時代には重要視されません。そうなると、その教えを「末法時代」という遠い未来にまで伝える方法は、「禁じられたお経」を無闇に広めるのではなく、その教えの重要性と必要性を理解することのできた一部の弟子たちによって、確実に脈々と伝えていくことだったのです。

「正法時代」の教えと「末法時代」の教えの違いの一つを挙げますと「末法時代」すなわち現代に生きる人々の中には、仏や神の存在を信じないという人が多くおられます。

これは「正法時代」には考えられないことです。なぜならその存在を信じるも信じないも、お釈迦さま本人がそこにおられ、いろいろな不思議を目にすることができたからです。

この時代には、遠い未来にお釈迦さまの存在を疑う人が出るなどとは考えられなかったのだと思います。

ですから「正法・像法時代」に、遠い未来の「末法時代」に必要となる教えは、あえて広めることを禁じられました。

ではもし「正法・像法時代」に広めていたらどうなったでしょうか。

この教えは、未来にしか必要がないものとしてあまり大切には扱われなかったと思います。そしてお経には、こう書かれています。

もしこのお経を広めて、知恵の浅い人が、この教えを知ったとします。そしてこの教えの悪口や批判をしたら、その人に大きな罪ができてしまいます。

ですから、必要となる時まで広めてはいけないと書かれているのです。

人々を悟りの道へ誘うために説いた“方便”のお経

お釈迦さまは、時代に即した教えを説かれましたが、それをお経に置き換えますと次のようになります。

『華厳経』を拠り所とする時代に始まり『阿含経』『方等経』『般若経』『法華経・涅槃経』と、五つの時代に分かれます。

この中で、**現代に即したお経は『法華経・涅槃経』となります**。

この二つのお経ですが、特に必要とされるのが『法華経』です。正式名称は『妙法蓮華経』というお経です。

この『妙法蓮華経』こそが、当時「禁じられたお経」なのです。このお経が説かれた時の様子がお経の中に残っていますので見てみましょう。

ある時、お釈迦さまが瞑想をしておられました。そして瞑想を止めると、お釈迦さまは突然、話をされ始めました。

このことは、とても稀な出来事で、お釈迦さまは誰かに質問を受けるまで、お話をされることはありませんでした。ですのでその場にいた修行僧たちは大変驚かれたようです。

そんな弟子の中で、智慧が一番あるとされる※舎利弗《しゃりほつ》という弟子に話をされます。その一部分を現代語訳してみます。

「舎利弗よ、私は悟って以来、いろいろな因縁や比喩、たくさんの言葉と無数の方便を使って、皆がいろいろなものに執着していたのを離れさせてきた。それができるのは、悟ることによって、完全な智慧を身に付けたからである。

その完全な智慧とは「未曽有《みぞう》の法」を知ったことである。

その未曽有の法とは、とても想像を絶する量であり、誰もが想像することすらできない法則なのだ」

【※舎利弗】十大弟子の中の一番弟子として活躍。非常に優秀で、行いもよいことから智慧第一ともいわれた。

ここまで話されたお釈迦さまの言葉に舎利弗は「未曽有の法」の詳細を聞けると期待したことでしょう。

しかしお釈迦さまの次の言葉は衝撃的な言葉でした。

「やめよう舎利弗。こんな話をしてみても、決して悟りの内容は理解してはもらえない。なぜなら、悟りの内容は、難解の法だからです。難解とは、理解することは難しいという意味です。もし理解者がいるとしたら、それは唯一、悟りを得た如来と呼ばれる者だけなのだ」とおっしゃいました。

残念ながら、悟りの内容をお釈迦さまから直接教えていただいたとしても、それだけで悟ることはできないということです。

例えば、自転車に乗ったことも見たこともない人がいるとします。この人に自転車に乗れる人が先生となり、ひと月の間、言葉だけで自転車の乗り方を説明したとします。

そしてひと月が経って、実際に自転車に乗らせたとしても、おそらくなかなか乗れないのではないでしょうか。

言葉や文字の勉強だけではなく、行動をして経験を積むことが大切なのです。それを私は「道」と呼んでいます。「道」とは、勉強と実践を偏りなく行うことです。

「柔道」「書道」「華道」「茶道」「剣道」など、「道」の付くものは知識だけでは上達しません。やはり実践も必要なのです。

「悟り」も同じで「求道」という「道」なのです。

お釈迦さまの「悟り」というものは、私たちが想像することも難しい内容です。そして実践も非常に難しいです。

例えば死後の世界のお話を知識として聞いても、実際に行ってみないと、すなわち死んでみないと本当の理解はできません。

絵本で見ただけで「ゾウさんは可愛い」と言う子どもさんがいますが、実際にゾウの檻に一緒に入ったら、怖くて泣き出すのではないでしょうか。

同様に、知識だけで知ったつもりでいても、実際の悟りは完成しないのです。悟りが仏教の知識だけで理解できたなら、仏教学者の先生方は悟りを得ておられるはずですが、なかなか悩みは尽きないと思います。

「毎日笑顔で過ごしなさい」という教えがあって、理解はしていても、なかなか何日も持続して行うことは難しいということです。

舎利弗は「それでも真理を聞かせてください」とお釈迦さまにお願いされます。しかしお釈迦さまは**「真理を説明すると、かえって混乱し、疑いが生じる恐れがあるので、やはりやめておこう」**と言われます。

それでも舎利弗は引き下がりません。何とか聞かせてくださいと再びお願いをします。

「いや、やはり話をするのはやめておこう。なぜなら、方便を抜きに話をしたならば、人間だけでなく、神々も驚いて、私の話に疑いの心を持つことになる

からだ」と再び断られます。

それを聞いてもなお、舎利弗はお願いをします。

「私たちはお釈迦さまに今まで教えを説いていただき、その内容に感動し、納得してここにいます。今、どんな教えをお聞きしても、それを疑うことなどありません。ですからどうかお話しください」と三度お願いをされます。

それを聞いたお釈迦さまは、こう答えられました。

「舎利弗よ、三度も断られたのに、そこまで聞きたいのですね。わかりました。それでは今まで説いてきた方便を捨てて、あなた方のために真理をそのまま話してみましょう」と、やっと話すことを約束されました。

まさにこれから「未曽有の法」について話をされるのです。

「今までの教えはすべて方便であった。その方便は、皆を悟りに近づけるために必要なことだったのだ。しかし、今からはその方便を捨てて、真理の話をしよう」そう言われたのです。

その言葉を聞いていた弟子の中で、五千人ほどの弟子が、お釈迦さまの元を離れると言い出したのです。

なぜなら「方便」と言われるが、十分に悟りに近づいている実感がある。もう悟りの内容を自分たちは知っていると慢心してしまっていたのです。


私が幼い頃、ある川の近くに次のような看板が立てられていました。

「この川には妖怪が出ます」

そして、怖い顔をした妖怪らしきものが描かれていたのです。

幼い私は、その妖怪が怖くて川に近づこうとは思いませんでした。

これはとても巧みな「方便」です。

もちろん、そこには妖怪など出ることはありませんし、噂すらありません。

しかし子どもたちはその絵と言葉に恐怖を感じて川には近づきません。

おわかりだとは思いますが、川での水難事故がないように、大人が考えた注意喚起の看板です。

今になって思えば「幽霊が出ます」と書けば心霊スポットとして川に近づく人がいるかもしれません。ですが、妖怪としたところが巧みな「方便」だと思います。これを大人が見た時に、子どもに対しての注意喚起であるとすぐに理解してもらえると思います。

しかし、中学生くらいになると「妖怪なんか、この世に存在しないことを知っている。この看板は、ただの注意喚起に過ぎない。それに自分は川に流されないように安全に遊ぶことができる」と川に近づいてしまいます。これは、深い智慧のない行動で、自分には水難に遭わないための知識が十分に備わっていると慢心して、その結果、事故に遭ってしまうことがあります。

本物のゾウの姿を知らずに、檻に入って怖がるのと同じことです。自分の持っている知識だけでは、本当のことを知るには足りない部分が多くあるのです。

このときにお釈迦さまの元を去った弟子たちも、自分は十分に知識を得たと勘違いしているのです。

では最初から「この川で遊ぶのは危険だから禁止します」と書けばよいのでしょうか。しかしそれでは一番危険を理解できていない子どもたちに伝わりません。

お釈迦さまから見ると、私たちはこの幼い子どもたちよりも浅い智慧しか持たない人間なのです。ですから仏の智慧から出るとても巧妙な「方便」を説いておられたのです。

舎利弗は、立ち去ろうとする弟子たちに、これから説かれる本当の真理を聞くように勧めようとしました。しかしその様子を見たお釈迦さまは、舎利弗にこう告げます。

「去りたい者を止めなくてもよい。彼らは真理をすべて知ったと慢心している者たちである。その者たちはこの場にいなくてもよい」

そう言って、その場を去る弟子たちを止めようとはされませんでした。

方便を使わずに、難解な真理の法をそのまま説くことを禁じられた理由の一つがここにあります。

「方便」とはいえ、悟りに近づくための法であることに違いはありません。それに「正法時代」という結果の出やすい時代ですので、尚更今以上の教えは必要ないと思ったのでしょう。

ですからお釈迦さまは、これから説く方便ではない教えを無闇に広めることを禁じられたのです。すなわちこれこそが「禁じられたお経」なのです。

五千人の慢心した弟子たちが立ち去った後、お釈迦さまは、その悟りの内容をお話しされます。

しかし今回は、細かくそれを書きますと、かなり難しい仏教書になってしまいます。ですので、五章の中で重要なポイントを抜粋して書かせていただきます。

お釈迦さまは自らの意思で
この世に出現された

さて、お釈迦さまが方便を使わずに話された『妙法蓮華経』では、何を説かれたのでしょうか。

「末法時代」に必要となる教えですから、話の聞き手である舎利弗は「末法時代」を生きる私たちの立場で話を聞いてくださっています。

まずお釈迦さまは、自分がどういった理由で「出現」したのかを話されます。

「私は人々に仏の真理を開き、示し、悟らせ、仏の道に入らせるために出現したのだ」そう話されます。

「私の教えは、誰が聞いても大丈夫だよと教えの門を開き、そして教え、理解させ、悟りの道を歩かせるために、出現したのだ」と言われます。

この部分を仏教では「開・示・悟・入」と言います。お釈迦さまは、この順番で人々を導いてくださるということです。

これについては、なるほどと納得がいきます。しかしこの部分で、一点気にかかるところがあります。

それは「出現」という表現です。多くの仏教書には「世に現れた」と訳されています。

お経には「出現《しゅつげん》於世《のせ》」と書かれており、書き下すと「世に出現したもう」となります。「この世に生まれてきた」ではなく「この世に出現した」と表現されているのです。

私はこの「出現」という言葉についてこう考えています。

誰かに勧められて出てきたという受動的なものではなく、自らの意思を持って出てきたという能動的な意味合いで使われていると思っています。

自らの意思で、この地球上に、この時代にあえて出現したのです。

この部分の表現についての疑問は、また後述したいと思います。

ここまでを要約しますと、お釈迦さまは、生きとし生けるものたちを悟らせたいと思って、地球に現れたということです。

次の章からは、「三災七難」を回避する法である『妙法蓮華経』の重要な部分を中心に書かせていただきます。

第五章 破滅回避の唯一の法

苦しみの海から抜け出したいと願い努力しなければ救いは訪れない

『妙法蓮華経』というお経は、全八巻、二十八章あります。

このお経は「難信難解《なんしんなんげ》」即ち「信じることも、理解することも難しい」とされています。前述通り「末法時代」にのみ、読むことや広めることが許されたお経です。

「末法時代」が来るまで禁じられていたお経『妙法蓮華経』。このお経こそが「末法時代・第九の減劫」に生きる現代の私たちに向けられた教えなのです。

このお経を初めからすべて説明しますと、かなりの量になってしまいますので、最重要箇所とされる部分を中心に取り上げていこうと思います。

それは全二十八章の中の第十六章です。「如来寿量品《にょらいじゅりょうほん》第十六」という章になります。この章は、前半と後半に分かれて書かれていて、後半部分は、前半部分を要約する形で書かれています。ここでは後半部分を紹介いたします。

繰り返しになりますが、このお経は「難信難解」です。信じることも、理解することも難しい教えです。嘘かファンタジーだと感じられる部分だらけです。しかしどうか最後までご覧ください。

書き出しは「自我得仏来《じがとくぶつらい》」です。

書き下しますと「我、仏を得てよりこのかた」となります。現代語訳しますと「私（お釈迦さま）が悟りを得てからこれまで」という意味です。

「自我得仏来《じがとくぶつらい》　所経諸劫数《しょきょうしょこっしゅ》　無量百千万《むりょうひゃくせんまん》　億載阿僧祇《おくさいあそうぎ》
常説法教化《じょうせっぽうきょうけ》　無数億衆生《むしゅおくしゅじょう》　令入於仏道《りょうにゅうおぶつどう》　爾来無量劫《にらいむりょうこう》」

「私が悟ってからこれまでに経った劫（時間）は、無量百千万億載阿僧祇（一

阿僧祇が、約十の五十六乗）です。その間、常に法を説いて、無数の人々を仏の道に導いてきました。その時から今までに、無量の劫という時間が経っているのです」

まず、お釈迦さまが悟られてからすでに想像を絶する時間が過ぎています。これは一体どういうことなのでしょうか。インドで悟りを得たゴータマ・シッダールタ（お釈迦さま）という人物は何者だったのでしょうか。

実はこの人間の姿をしたシッダールタとは、お釈迦さまが仮に人間の姿で現われたということです。遺骨もしっかり残っておりますが、**肉体や骨という物質に、仮にお釈迦さまが入っておられたのです**。そして人間が想像を絶するような長い時間、たくさんの人間を悟りの道に導いてこられたわけです。

「為度《いど》衆生故《しゅじょうこ》　方便現涅槃《ほうべんげんねはん》　而実不滅度《にじつふめつど》　常住此説法《じょうじゅうしせっぽう》

我《が》常《じょう》住《じゅう》於《お》此《し》　以諸神通力《いしょじんずうりき》　令顛倒衆生《りょうてんどうしゅじょう》　雖近而不見《すいごんにふけん》」

「私は人間を悟りに導くために、方便で※涅槃を現した。しかしそれは方便であって、実は滅していないのです。常にここ（地球や人間という生命体の住んでいるところ）に住んで、法を説いているのです。私は常にここに住んでいるのですが、いろいろな神通力を駆使して、転倒している人間には、近くにいても見ることはできません」

人間の姿をしていたお釈迦さまは、八十歳で亡くなられました。そして肉体は焼却されました。これによって、お釈迦さまはご遺骨だけを残して、この世界から滅してしまわれたはずです。

しかしそれは方便であって、実は滅していないと言われるのです。

ではどこに住んでいるのかと言えば、私たちの住んでいるここに一緒に暮らしておられ、そして日々法を説いておられるのです。

ではなぜ、お釈迦さまの目撃例がないのか。

【※涅槃】お釈迦さまの肉体が亡くなる（入滅）こと。煩悩に苦しむことなく、心が安定した悟りを意味することもある。

それは、**いろいろな神通力で、転倒している人間には、たとえ目の前にいたとしても姿が見えないようにあえてしておられるのです。**

この転倒している人間とは、物事を正しく見ることのできない人間、即ち我々人類のことです。自分の幸福だけを考えたり、自分の考えが正しいと思い込んだり、争ったり愚痴をこぼしたりする私たちのことです。

「衆見我滅度《しゅけんがめつど》　広供養舎利《こうくようしゃり》　咸皆懐恋慕《げんかいえれんぼ》　而生渇仰心《にしょうかつごうしん》
衆生既信伏《しゅじょうきしんぷく》　質直意柔軟《しちじきいにゅうなん》　一心欲見仏《いっしんよくけんぶつ》　不自惜身命《ふじしゃくしんみょう》
時我及衆僧《じがぎゅうしゅそう》　倶出霊鷲山《くしゅつりょうじゅせん》　我時語衆生《がじごしゅじょう》　常在此不滅《じょうざいしふめつ》
以方便力故《いほうべんりきこ》　現有滅不滅《げんうめつふめつ》　余国有衆生《よこくうしゅじょう》　恭敬信楽者《くぎょうしんぎょうしゃ》
我復於彼中《がぶおひちゅう》　為説無上法《いせつむじょうほう》　汝等不聞此《にょとうふもんし》　但謂我滅度《たんにがめつど》」

「人々は、私が滅したのを見て、遺骨をいろいろなところで供養し、会いたいという恋慕の心をみんなが抱いて、強く仏の教えを知りたいという心を起こしたとしましょう。

そして教えを信じ、素直で正直で、心は柔軟な優しさと柔らかさを持って、心からお釈迦さまに会いたいと欲したとします。そして、そのためには自らの身体も命も惜しまないという人がいたとします。

そうなれば、私は多くの僧とともに、霊鷲山に姿を出します。

その時、私は人々にこう語ります。

私は常にこの世界にいて、滅するということはありません。しかし方便を使って、滅したり、滅していない姿を現したりするのです。

他の国の人々に、敬い信じる者がいれば、私はそこに行って最高の教えを説きます。多くの人間は、これを聞かずにただ、お釈迦さまは滅したと思っているのです」

この部分では、お釈迦さまと会う方法が書かれています。世界の広い範囲で遺骨を供養すること。素直で柔軟な心を持って、命をもなげうつ覚悟で会いたいと願わなくてはなりません。

すると霊鷲山に姿を現すと書かれています。これはインドにある小高い山です。私は何度か行ったことがありますが、頂上はそれ程広くはありませんので、この上空に現れるということだと思います。
「余国有衆生」の部分で、私は「他の国」と訳しましたが、この「国」という表現がお経のいろいろなところで出てきます。私はこの「余国」とは、地球以外の星を意味するように思っております。

「我《が》見《けん》諸《しょ》衆《しゅ》生《じょう》　没《もつ》在《ざい》於《お》苦《く》海《かい》　故《こ》不《ふ》為《い》現《げん》身《しん》　令《りょう》其《ご》生《しょう》渇《かつ》仰《ごう》
因《いん》其《ご》心《しん》恋《れん》慕《ぼ》　乃《ない》出《しゅつ》為《い》説《せっ》法《ぽう》　神《じん》通《ずう》力《りき》如《にょ》是《ぜ》　於《お》阿《あ》僧《そう》祇《ぎ》劫《こう》
常《じょう》在《ざい》霊《りょう》鷲《じゅ》山《せん》　及《ぎゅう》余《よ》諸《しょ》住《じゅう》処《しょ》」

「私から人間を見ると、苦しみの海に埋もれてしまっているように見えます。それゆえに、人間の前には現れないようにしているのです。
そうすることによって、仏の教えを聞きたい、仏に会いたいという心を起こさせて、それが原因となって、私は姿を現すのです。

私の神通力によって、阿僧祇劫の間、常に霊鷲山、及び、人間の住むすべての場所にいるのです」

お釈迦さまから見た私たちは、「苦海」にいるようです。「苦海」とは、文字通り苦しみの海ということです。陸地も見えず、進むべき正しい方向もわからず、ただ泳ぎ続けているだけなのです。

この苦しみから抜け出したい。その方法が知りたいと思わなければいけないのです。**自らが「苦海」から抜け出したいと念じ努力しなければ、救われることはない**ということです。

これを「自他力本願」と言います。自分の力と、仏や神の他の力と、二つの力を頼りとしなければならないのです。

決して「他力本願」ではいけないのです。

煩悩のない徳を積んだ人だけがお釈迦さまに会うことができる

「衆生見劫尽《しゅじょうけんこうじん》　大火所焼時《だいかしょしょうじ》　我此土安穏《がしどあんのん》　天人常充満《てんにんじょうじゅうまん》
園林諸堂閣《おんりんしょどうかく》　種種宝荘厳《しゅじゅほうしょうごん》　宝樹多華果《ほうじゅたけか》　衆生所遊楽《しゅじょうしょゆうらく》
諸天撃天鼓《しょてんきゃくてんく》　常作衆伎楽《じょうさしゅぎがく》　雨曼陀羅華《うまんだらけ》　散仏及大衆《さんぶつぎゅうだいしゅ》
我浄土不毀《がじょうどふき》　而衆見焼尽《にしゅけんしょうじん》　憂怖諸苦悩《うふしょくのう》　如是悉充満《にょぜしつじゅうまん》
是諸罪衆生《ぜしょざいしゅじょう》　以悪業因縁《いあくごういんねん》　過阿僧祇劫《かあそうぎこう》　不聞三宝名《ふもんさんぼうみょう》」

「人間界の劫が尽きて、大火に焼かれるその時も、私の住む世界は安穏で、多くの天人が常にいます。

庭やいろいろな建物は、いろいろな宝によって荘厳され、宝の樹や花や果実も多く、人々が楽しく暮らしているところです。

仏法を守護する神々は天の鼓を叩いて、常にいろいろな音楽を奏でていま

す。そして※曼茶羅華《まんだらけ》を降らして、仏とその世界に暮らす人々に撒いています。私の住む世界は破れることがありません。

人間が暮らす世界は炎で焼け尽きて、憂いと恐怖、いろいろな苦悩ばかりになってしまいます。多くの罪を持った人間は、その悪業の因縁によって、阿僧祇劫の時が過ぎても、※三宝の名前すら聞けなくなってしまいます」

前に書きました通り、この人間の世界は劫が尽きると焼けて消えてしまいます。そうなったとしても、お釈迦さまの住む世界は焼けてしまうことはないのです。

神々は美しい音楽を奏で、天上に咲く曼茶羅華をその世界で撒いています。曼茶羅華というのは、素晴らしい芳香を放つ白い花で、その色や香りは、見るだけで人の心に悦楽を感じさせるといわれています。

一方、私たちの暮らす世界には、将来の心配や不安と日常の苦しみが付き纏っています。

【※曼荼羅華】 天界に咲くとされる白い花。チョウセンアサガオの別名。

【※三宝】 仏（ブッダ・悟りを開いた人）、法（ダルマ・ブッダの説く心理や示す道）僧（サンガ・ブッダの教えを学ぶ僧侶や修行者）のこと。

そのことに拗ねたり、諦めたり、自分だけよければいいと思い込んだりすることで、この先の阿僧祇劫という想像を絶する時間を過ぎても、お釈迦さまはもちろん、その教えやそれを解説する僧侶の名前すら聞けなくなってしまいます。

これは、半永久的に苦しみや不安の絶えない世界で暮らすことになるということです。

「諸有修功徳《しょうしゅくどく》　柔和質直者《にゅうわしちじきしゃ》　則皆見我身《そっかいけんがしん》　在此而説法《ざいしにせっぽう》
或時為此衆《わくじいししゅ》　説仏寿無量《せつぶつじゅむりょう》　久乃見仏者《くないけんぶっしゃ》　為説仏難値《いせつぶつなんち》
我智力如是《がちりきにょぜ》　慧光照無量《えこうしょうむりょう》　寿命無数劫《じゅみょうむしゅこう》　久修業所得《くしゅごうしょとく》」

「あらゆる善行を行い、心が柔らかく正直者には、私がお説法をしている姿を見ることができるようになります。この人には、仏の寿命は無量であると教えます。

いまだに仏を見ようとしない者には、仏に会うのは難しいです。

私の智による力はかくの如きであります。慧による光が照らすのは無量であり、寿命は無数の劫にわたってあります。これらは、長い時間、修行をして得ることができたものです」

お釈迦さまの姿を目にすることができるのは、原文で言えば「柔和質直者」とあります。私は「心が柔らかく正直者」と訳しましたが、一般的に言う正直な人とは違います。

まず、**ここで言う「柔和」とは、貪欲（貪りの心）、瞋恚《しんい》（怒りの心）、愚痴（愚かな心）という煩悩のない人のことを指します**。この貪《とん》・瞋《しん》・痴《ち》の三つの心を「三毒」と言います。この「三毒」がなくて、正直な者です。

身近なところでは、お腹が満たされている状態の赤ちゃんのような気持ちかもしれません。そのような心持ちで、善いことをいくつもして功徳を積んだ人が、お釈迦さまの姿を見られるのです。

これは、大変な人格者でなくては難しいわけです。

逆に言えば「お釈迦さまの姿を見た」と言う人がおられたとしても、その人が貪りの心や怒りや愚痴をこぼすようなら、それは嘘か間違えだということになります。

このような不思議な現象を起こしているのは、お釈迦さまの智の力によるものです。

「智力」とは、自分のことは考えずに、他人のために発揮する力のことです。「慧」とは、自分の心にすら執着しないことを意味します。すなわち「慧光」とは、自分の心に執着なく人々を救いたいという心が発する光です。

簡略してまとめますと、**お釈迦さまは人々を救いたいと思っているので、救われたいと思う人も努力して功徳を積まなければいけない**ということです。

助けられる人の心が汚れていれば お釈迦さまの神通力も届かない

「汝等有智者《にょとううちしゃ》　勿於此生疑《もっとししょうぎ》　当断令永尽《とうだんりょうようじん》　仏語実不虚《ぶつごじつぶこ》
如医善方便《にょいぜんほうべん》　為治狂子故《いじおうしこ》　実在而言死《じつざいにごんし》　無能説虚妄《むのうせつこもう》
我亦為世父《がやくいせぶ》　救諸苦患者《くしょくげんしゃ》」

「あなた方のような智のある者は、仏の寿命が永遠であり、智の力が無限であるということを疑ってはいけません。疑いの心が少しでもあれば、その思いを断ち切りなさい。仏の言葉に無駄な言葉はありません。

お医者さんが、狂った子どもの病気を治すために方便を使うように、私は死んだと言いますが、実はここにいます。

このことに一切の嘘や偽りはありません。私はこの世の父親でもあり、苦しみを患っている者を救う者であります」

ここでお医者さんが突然に出てきますが、実はこれは「如来寿量品」の前半部分に細かく説明がなされています。

ある子どもたちがおり、皆、病気に罹《かか》ってしまいます。子どもたちの父親はお医者さんでしたので薬を飲ませようとしますが、そんなものを飲んでも効かないと言って飲んでくれません。

困った父親は、自分は死んでしまったというドッキリを子どもたちに仕掛けます。

父親が亡くなったと聞いた子どもたちは嘆き悲しみます。そこで父親は知り合いに頼んで子どもたちに遺言を聞かせます。

それは「薬をきちんと子どもたちに飲んでほしい」というものです。それを聞いた子どもたちは、父親の遺言通りに、その薬を飲んで病気を治しました。

このたとえに出てくる父親と同じように、お釈迦さまはこの世において、この父親と同じ立場なのだとおっしゃっているわけです。

「為《い》凡《ぼん》夫《ぶ》顛《てん》倒《どう》　実《じつ》在《ざい》而《に》言《ごん》滅《めつ》　以《い》常《じょう》見《けん》我《が》故《こ》　而《に》生《しょう》憍《きょう》恣《し》心《しん》
放《ほう》逸《いつ》著《じゃく》五《ご》欲《よく》　堕《だ》於《お》悪《あく》道《どう》中《ちゅう》　我《が》常《じょう》知《ち》衆《しゅ》生《じょう》　行《ぎょう》道《どう》不《ふ》行《ぎょう》道《どう》
随《ずい》応《おう》所《しょ》可《か》度《ど》　為《い》説《せつ》種《しゅ》種《じゅ》法《ほう》　毎《まい》自《じ》作《さ》是《ぜ》念《ねん》　以《い》何《が》令《りょう》衆《しゅ》生《じょう》
得《とく》入《にゅう》無《む》上《じょう》道《どう》　速《そく》成《じょう》就《じゅ》仏《ぶっ》身《しん》」

「転倒している凡夫には、実際には存在しているけれど、滅してしまったと教えます。

なぜこのような手法を取るのかというと、仏や神がいるのならば、人々は驕《おご》り高ぶり、たくさんの欲から離れる努力をしなくなり、悪の道へと落ちていくことになるからです。

私は常に、人々が正しい道を進んでいるか、悪い道を進んでいないかを見ています。そして、その行いを見ながら、その人に相応しい法をいろいろな手段を使って説いているのです。

私は常に、どのような方法を用いてでも人々を無上の道に導き、少しでも早く仏の身を得られることを願い続けています」

転倒している人というのは、倒れている人のことです。そして凡夫とは、倒れていることにさえ気がつかない人を指しています。

まさに我々のことであります。**辛い苦しいと嘆いては、他人のせいにしてみたり、社会や時代のせいにしてみたり、普段の恵まれていることには目を向けず、三毒に侵されてしまったりしています。**

次に、なぜお釈迦さまがあえて姿を現さないか、その理由について書かれています。その理由は、人間が慢心し、努力をしなくなるからです。

時々「この世に仏さまや神さまはいない。もしいたとしたら、犯罪や戦争は起こらないはずだ」と言う方がおられます。

この人こそ、仏さまや神さまが目に見える形でおられると、努力を怠る人なのです。

何か困ったことがあれば、自分で努力をせずに、仏さま、神さまに頼って、うまくいかなければ責任を押し付けてしまう人です。

この場合、この人は悟りから遠ざかってしまいます。ですからあえて姿を現されないわけです。

一つわかり易いたとえ話を挙げてみます。

皆さまは、芥川龍之介さんの『蜘蛛の糸』という話をご存知でしょうか。

主人公は、犍陀多《かんだた》という殺人や放火など、多くの凶悪な罪を犯した大泥棒です。しかしそんな彼が、一度だけよいことをしました。それは、道ばたの小さな蜘蛛を踏み殺さずに助けたのです。

その犍陀多は死後、地獄へ堕ちました。一方、天界に行った蜘蛛が、天界の蓮池から犍陀多がいる地獄に一本の糸を垂らします。

地獄にいる犍陀多が、その蜘蛛の糸を見つけて、すぐさま登り始めます。すると犍陀多が登っているのを見た他の地獄の住人も、その糸に摑まって登り始めました。

その様子を見た犍陀多は「こら、罪人ども。この蜘蛛の糸は己《おれ》のものだぞ。

（中略）下りろ、下りろ」と喚きました。その瞬間、蜘蛛の糸は切れてしまったというものです。

これは、お釈迦さまが神通力で蜘蛛の糸が切れないようにされていたのです。しかし、犍陀多が他の罪人に慈悲を抱くことなく「下りろ」と叫んだ瞬間、糸は切れたのです。

ここで一つ問題です。この蜘蛛の糸はなぜ切れたのでしょうか。

お釈迦さまが犍陀多の無慈悲に嘆いて助ける気がなくなり、神通力を止めたと考える方がおられますが、そうではありません。

「少しでも早く仏の身を得られることを願い続けています」とお経に書かれていますので、お釈迦さまは、決して無慈悲な人を見たからといって、その人を助けないということはありません。

ではなぜ切れたのでしょうか。それは、犍陀多自身の問題です。

お釈迦さまが助けようといくら考えておられても、助けてもらうほうの人間

の心が汚れていれば、お釈迦さまの神通力すらも届かなくなってしまうのです。

他力本願では、決して救われないのです。

ここまでが『如来寿量品第十六』の『自我偈』というお経です。

簡単にまとめますと、お釈迦さまは、現在でも存在していて、私たちのいるこの世界におられるということです。

この世界に共に一緒におられると言うと、精神的な世界の問題に思えますが、そうではありません。もう少し物理的で現実的なお話なのです。

例えば「ご先祖さまが見守ってくださっている」と言うことがあります。

今の自分があるのはご先祖さまのお陰です。

そういった感謝の気持ちで「ご先祖さまが見守ってくださっている」と表現する場合があります。こういった道徳的、精神的世界観においても間違いではありません。

しかし、ここで言うお釈迦さまの存在は、そういった世界観だけではなく、物理的、物質的に私たちと一緒におられるという意味でもあります。

ですから人生で、たとえ辛く苦しいことがあっても、お釈迦さまは共にいてくださっているのです。

その逆に、誰も見ていないからと悪事をした時も、すべて見られているのです。

ですから人間は、まったく独りになることはあり得ません。お釈迦さまに見られていると心して生活しなくてはいけません。


次からは、引き続き『妙法蓮華経』を引用し、未来を守るために私たちが大切にしていかなければならないことをさらに掘り下げてお話ししていきます。

第六章
異次元から来たお釈迦さま

人間とは明らかに違う？お釈迦さまの身体的特徴

ここまでお経についてさまざまな角度から解説してきましたが、お経を説き示した人物、お釈迦さまについて、さらにその正体に迫ってみようと思います。

お経に詳しくなくても、仏教を少しご存知の方なら知っておられるかもしれませんが、仏教はインドで生まれました。その理由は当たり前ですが、お釈迦さまが悟りを得られた場所がインドだからです。

インドのシャカ族という民族の中に生まれた、ゴータマ・シッダールタという人間が悟りを得たわけです。このシッダールタという人が、三十五歳の時に悟り、釈迦如来となったのです。シャカ族出身だったので、シャカ族の聖なる人という意味で、釈迦牟尼仏《しゃかむにぶつ》と呼ばれるようになりました。

この悟りを得た瞬間、驚くことに肉体の形が大きく変化します。

お釈迦さまの姿は「三十二相」といって、三十二個の特徴があります。これについては複数のお経に書かれており、少し表現に違いが見られますが、概ね次の通りです。

【足下安平立相《そくげあんぴょうりゅうそう》】足の裏が平らで、土踏まずがない。なので地面に立つと、地面と足の裏が密着し、その間には髪の毛の入る隙もない。

【足下二輪相《そくげにりんそう》】足の裏には、二重の輪の形をした相がある。

【長指相《ちょうしそう》】手の指や足の指が人間のものより長い。

【足跟広平相《そくこんこうひょうそう》】足のかかとが広くて平たい。

【手足指縵網相《しゅそくしまんもうそう》】手足の各指の間に、滑らかな膜がある。いわゆる河童の水掻きのようなもの。

【手足柔軟相《しゅそくにゅうなんそう》】手足が柔らかい。

【足趺高満相《そくふこうまんそう》】足の甲が盛り上がっている。

【伊泥延膞相《いでいえんせんそう》】伊泥延とは鹿の王様のこと。腕とふくらはぎが、鹿の足のように細い。
【正立手《しょうりゅうしゅ》摩《ま》膝《しつ》相《そう》】真っ直ぐに起立すると、手が膝に届く。
【馬《め》陰蔵相《おんぞうそう》】馬のように陰部が体内に隠れる。
【身広長等相《しんこうちょうとうそう》】両手を横に広げた長さと、身長が同じ。
【毛上向相《もうじょうこうそう》】体中の毛がすべて上を向いている。
【一一《いちいち》孔《く》一毛生相《いちもうしょうそう》】体の毛穴一つ一つに毛が生えている。
【金色相《こんじきそう》】体が金色に光っている。
【丈光相《じょうこうそう》】体から周囲約三メートルを照らすほどの光が出ている。
【細薄《さいはく》皮《ひ》相《そう》】皮膚が薄い。
【七処隆満相《しちりょりゅうまんそう》】両手、両足、両肩、うなじの七箇所が盛り上がっている。
【両腋《りょうえき》下《か》隆満相《りゅうまんそう》】両わきが盛り上がっている。
【上身如《じょうしんにょ》獅《し》子《し》相《そう》】上半身が、獅子のように威厳がある。
【大直身相《だいじきしんそう》】体が大きく端正である。

【肩円満相《かたえんまんそう》】両肩が丸く盛り上がっている。
【四《し》十《じゅう》歯《し》相《そう》】歯が四十本ある。
【歯《し》斉《さい》相《そう》】歯間が詰まっていて一本のように見える。
【牙《げ》白《びゃく》相《そう》】四十本の歯とは別に、白い四本の牙がある。
【獅《し》子《し》頬《きょう》相《そう》】頬が獅子のように盛り上がっている。
【味《み》中《ちゅう》得《とく》上《じょう》味《み》相《そう》】食べ物を食べると、その味は最高の味となる。
【大舌相《だいぜつそう》】顔全体を包み込めるほど舌が広くて大きい。
【梵声相《ぼんじょうそう》】声は聞くだけで心地よくなる。遠くまで届く。
【真青眼相《しんしょうげんそう》】目は青い色をしている。
【牛眼睫相《ぎゅうごんしょうそう》】睫が牛のように長い。
【頂髻相《ちょうけいそう》】頭のてっぺんが盛り上がっている。
【白毫相《びゃくごうそう》】眉間に右巻きの白い毛がある。

その他にも、「耳が肩まである」「耳たぶに穴が開いている」「のどに三本の皺がある」などが記されています。

七つのたとえ話から見る お釈迦さまの本当の姿

これらを見ますと、人間とは明らかに違うことがわかります。

中には、お釈迦さまは宇宙人ではないかと考える方もおられるでしょう。

私も以前はそう考えていました。しかし、お経をひもといていくと、もしかするとそうではないかも知れないと思うようになりました。

その理由は、前に紹介しました『如来寿量品第十六』にあります。

「自我得仏来　所経諸劫数　無量百千万　億載阿僧祇」

「私が悟ってからこれまでに経った劫（時間）は、無量百千万億載阿僧祇（一阿僧祇が約十の五十六乗）です」

このように意訳を書かせていただきました。

インドに存在したゴータマ・シッダールタは、仮の姿で、本当の姿は先に記したようなお姿なのです。そして我々の想像を絶する長い時間、いろいろな場所で法を説いてこられたわけです。

その時間は、地球や宇宙ができる前の世界からということです。となれば宇宙人説は成り立たないのではないかと思います。

これを考える上でヒントとなるのが「法華七譬《ほっけしちゆ》」と言われる『妙法蓮華経』に書かれた七つのたとえ話です。

この七つのたとえを極めて簡略化して書きたいと思います。

■三車火宅《さんしゃかたく》（妙法蓮華経・譬喩品《ひゆほん》第三）

ある日のこと、ある長者の自宅が火事になりました。燃え盛る家の中では、長者の子どもたちが火事に気づかず遊んでいました。

そこで長者は中にいる子どもたちに大声で火事を知らせます。しかし子どもたちは遊びに夢中でこちらの声を聞き入れてくれません。

困った長者は考えました。

「子どもたちが進んで家から出てくれるようにするには、どうしたらいいだろうか」

思案の結果、こう叫びました。

「羊の引く車と、鹿の引く車、それに牛の引く車の三台の車が門の外にあるぞ」

と。

それを聞いた子どもたちは珍しい車に乗りたいと、みんな外に飛び出してきました。しかしそこには車はありません。これは方便だったのです。

そうやって子どもたちを助けた後に、三つの車以上に立派な大きな白い牛の引く車を与えてあげました。

このお話に出てくる長者はお釈迦さまで、子どもは私たち人間のことです。

私たちは欲望、怒り、妬みや嫉みといった、まるで燃え盛る家の中に住んでいて、そこから抜け出しなさいという意味です。

■長者窮子《ちょうじゃぐうじ》（妙法蓮華経・信解品《しんげほん》第四）

幼いときに家出した長者の子どもがいました。彼は五十年間流浪生活をしており、とても貧乏でした。

あるとき、偶然にも父親の立派な家の前を通りました。彼はその家が父親の家だとは気づいていません。それどころか、自分のような人間には縁のないところだと思っていました。

そんな彼を家にいた長者である父親が、たまたま見かけたのです。そして一目で彼が自分の息子であることに気がつきました。そしてすぐに奉公人にその彼を連れてくるように言いました。

彼は突然に自分のような者が、立派な家から出てきた人に声を掛けられて怯えた様子でした。そこで長者は奉公人に「この家で働きませんか」と声を掛けさせました。

それに承諾した彼は、長者の家で働くことになりました。うまく家に入れることに成功したのです。

そしてその彼を掃除夫として雇い、一番汚い仕事を任せました。そして長者は身分を隠し、粗末な服を着て彼と共に同じ仕事をするようにしました。

息子である彼は、とても一生懸命に仕事をしました。

数年後、その様子を間近で見ていた長者は、彼にこの家の財産すべてを管理する仕事に就かせました。その役職に就いても彼は、不正や怠けることもなく働き続けました。

それから二十年ほどが経って、長者は真実を告げることにしました。

長者は彼に「実はあなたは私の子どもなんだよ」と真実を伝えたのです。その後はみんな幸せに暮らしました。


このお話の中の長者はお釈迦さまで、貧乏だった子どもが私たちです。

お釈迦さまの導き方の様子がよくわかるたとえ話です。

尚、このお話は、お釈迦さまの弟子である※大迦葉《だいかしょう》がお釈迦さまに代わって話をしたものです。

【※大迦葉】 十大弟子の一人。衣食住の煩悩を捨て清らかに仏教修行に励んだことから頭蛇第一とも言われた。

■三草《さんそう》二木《にもく》（妙法蓮華経・薬草喩品《やくそうゆほん》第五）

草木というものは、背の高いものもあれば中くらいのものもあり、低いものもあります。そしてもちろん、葉の大きさや幹の太さもそれぞれに違いがあり、それぞれの特徴があります。

そこに、大雲がわき起こって雨が降ったとします。その雨は、誰かれの区別なく分け隔てなく降り注ぎます。

しかし、雨がいくら平等に降っても、草木の特徴や性質によって水の吸収や成長に違いが出ます。

それでも大雲はすべてを平等に潤すために雨を降らします。

このたとえに出てくる大雲とは、お釈迦さまのことです。

お釈迦さまは国籍や性別などには関係なく、大きな雲が降らす雨のように、誰にでも平等に教えを説かれているということです。

■化城宝処《けじょうほうしょ》（妙法蓮華経・化城喩品《けじょうゆほん》第七）

ある旅団が、遠くにあるとされる宝物を探す旅に出ました。その道のりはとても厳しく長い旅です。

草木も生えない道を進み、途中には毒を持った猛獣も出てきました。その長く辛い道のりを進む中で、段々と疲れてくる人が増えてきました。やがて旅団のほとんどの人が疲れて歩くのをやめました。中にはもう帰ろうと来た道を戻ろうとする者まで出てきたのです。

そこで一人の神通力を持ったお坊さんが、その力で幻の城を作りました。そしてその中でみんなを休ませることにしました。

城に入った人々はとても満足して休息を十分に取ることができました。そして、あまりに居心地がよくて、ここここそが目的の地なのだと勘違いする人も出てきました。

しかし本当の目的地はここではありません。ここは化の城です。お坊さんはそのことをみんなに伝えました。

その言葉で真実に気づいた人たちは、本当の宝のある場所を目指して再び旅を始めました。

このお話に出てくるお坊さんは、お釈迦さまのことで、旅人は私たちのことです。**険しい旅の道のりは私たちの人生です。そんな中で、一つの悟りの境地に達したと思っても、そこで終わりではない**ということです。

■衣裏繫珠《えりけいじゅ》（妙法蓮華経・五百弟子受記品《ごひゃくでしじゅきほん》第八）

あるお金持ちの人の家に、親友が訪ねてきました。その親友はとても貧しい生活を送っていました。そんな親友にお金持ちの男性は、お酒を振る舞ってもてなしてあげました。やがて、親友はお酒に酔って寝てしまいました。

そんな中、お金持ちの男性はどうしてもすぐに出掛けなくてはいけない急用ができてしまいました。そこで寝ている親友を起こしました。しかし何度起こしても起きてくれません。

そこで男性は、貧しい友人の服の襟の裏に高価な宝石を縫い込み、そのまま家を出ました。

しばらくして、ようやく貧乏な男性は目を覚ましました。起きると親友がいないので、そのまま家を出て、また元の貧乏な生活に戻ったのです。

貧しい生活を続けていたある日、再びお金持ちの親友と出会いました。相変わらず貧しい生活をして満足している男性を見て、お金持ちの男性は驚きました。そして、貧しい親友に服の襟の裏を見るよう話したのです。

そこに宝石があることを知って、初めてその宝石を手にしたのです。

このお話は、お釈迦さまの弟子の一人、※憍陳如《きょうじんにょ》という人が話したたとえ話です。自分は悟ったと思っていたけれど、まだ完全ではなかったことを知った時、このたとえ話をしたのです。**これまで方便の教えで満足していて、本当の真理に気がついた**というお話です。

【※憍陳如】お釈迦さまが最初に教えを説いた五比丘（５人）のうちの一人。

■髻中明珠《けいちゅうみょうしゅ》（妙法蓮華経・安楽行品第十四《あんらくぎょうほん》）

あるところに、転輪聖王《てんりんじょうおう》がいる国がありました。転輪聖王とは武力なしに世界を治める王様のことです。

この王様は家来たちが功績を上げると、家や高価な衣服、金銀財宝などを褒美として与えていました。しかし、一番高価な宝の珠だけはなかなか褒美として与えることはしませんでした。

なぜなら、家来たちがそれを見ると、その偉大さに大いに驚いてしまうからです。

このお話の転輪聖王とはお釈迦さまで、宝の珠とは『妙法蓮華経』のことです。

これは、お釈迦さまが簡単には『妙法蓮華経』を説かれなかったという事実を比喩されたものです。

■良医病子《りょういびょうし》（妙法蓮華経・如来寿量品第十六《にょらいじゅりょうほん》）

あるところにとても優秀なお医者さんがいました。このお医者さんにはたくさんの子どもがいました。

父親であるお医者さんが、ある日家を留守にしていました。その間、家にいた子どもたちが間違って毒薬を飲んでしまいます。

家に帰った父親は、家の中で悶《もだ》え苦しむ子どもたちを目にして大変驚きました。そしてすぐに良薬を飲ませました。

数人の子どもは軽症だったので、素直にこの良薬を飲んで回復しましたが、多くの子どもは良薬を飲んでくれません。なぜなら、毒薬のせいで本心を失ってしまっているからです。

そこで父であるお医者さんは一計を案じました。

父親は家に良薬を置いて、そのまま家を出ました。そして、知り合いに頼んで「あなたたちのお父さんは亡くなったよ」と伝えてもらったのです。

すると子どもたちはその言葉を信じて嘆き悲しみました。

そして毒薬で苦しんでいた子どもたちも、本心を取り戻し、今は亡きお父さんの願いであった良薬を飲み干して、健康になることができました。

このお話に出てくるお医者さんがお釈迦さまで、毒を飲んでしまった子どもとは私たちのことです。

毒とは間違った思想や考え方を持つことです。

すでに死んだ、この世にはいないというお釈迦さまの方便をたとえたものです。

お釈迦さまが存在する場所はパラレルワールド!?

以上が七つのたとえなわけですが、どの話にも一貫したものがあります。

「三車火宅」のたとえで言えば、火事に気がついた長者は、子どもたちを無理やり引っ張り出してはくれません。

「長者窮子」でも、早く実子であることを教えてくれれば、しんどい仕事をしなくても済んだはずです。

「三草二木」では、平等に雨は降りますが、受けるほうには高低差があります。

「化城宝処」でも、神通力で楽に目的地まで運ぶことができたのではないかと疑問に思います。

「衣裏繋珠」では、わざわざ襟の裏ではなく、ポケットにでも入れてくれればすぐに発見できたのではないかと思います。

「髻中明珠」では、高価な宝物を出し惜しみしているのではないかとも感じます。

「良医病子」でも、無理やり子どもの口を開けて飲ませてくれればよいのにと考えてしまいます。

しかし、これこそが悟りにとって、重大な条件なのです。

それは「他力本願」ではなく「自他力本願」でなければならないのです。

「自力」とは自分自身の努力です。

「他力」とはお釈迦さまの力です。**お釈迦さまの力を借りたければ、自らがまず努力しなければならない**ということです。

剣豪、宮本武蔵の言葉がこれをうまく表現しています。

「我、神仏を尊びて、神仏を頼らず」

まさにこの言葉の通りです。神仏を頼らずに努力をする。

その先に神仏の加護があるのです。

そして七つのたとえにはもう一つ気になることがあります。それは、お釈迦さまのおられる場所です。

「如来寿量品第十六」に「常住此説法《じょうじゅうしせっぽう》」とありました。「常にここにいて、法を説いている」ということです。

これは、私たちの住んでいるこの世界にいるという意味です。

ではこの世界のどこにおられるのでしょうか。それは、この七つのたとえに答えがあります。

私たちとお釈迦さまの関係性は、親子のように近しい関係であり、服の襟の裏のような密着した状態にいるということです。

要するに、我が子を見るような心持ちで、私たちに密着するほどの距離で見ていますよ、ということなのです。

この世界で最高の宝は、私たちのすぐ手の届く距離にあるのです。しかし、私たちにはそれが見えていないだけなのです。

　ここでお釈迦さまの正体を宇宙人だと仮定した場合、距離がおかしいということになります。異星であれば何光年離れた場所に住んでいるということになりますから、お経に記された内容と一致しません。

　お経には、お釈迦さまは、私たちと密着した状態で存在し続けているということですので、私はこう考えました。

　お釈迦さまは「異次元人」即ち、パラレルワールドの世界におられるのではないかと思うのです。

　私たちのこの世界と別に、同時に重なる世界が存在するのではないかと考えています。

　これには根拠があります。

　実は、私たちが暮らしているこの世界は「仮の世」だといくつかのお経に書かれています。そこには、この世にあるものはすべて仮のものだと書かれているのです。

この世はすべてにおいて実体のない仮の世界である

これがどういうことかと申しますと、すべては縁起（因果のかかわり合い）によって仮に構成されたものの世界ということです。

例えば、車というものは、ゴム、金属、ガラス、プラスチックなど、たくさんの部品によって構成されています。それらを組み立てると車ができるわけです。

ということは、車というものは、たくさんの部品の集合体を仮に車と呼んでいるということです。ただ車を構成する部品だけを集めても、組み立てなければ車にはならないのです。

縁によって集まった部品が組み上がり車となるのであれば、車そのものの実体はないということになります。

もう一つ例を挙げます。

「明日の○時から会議をするので、皆さん出席できますか」と会社で聞かれたとします。

特に予定がなければ「明日の○時に出席します」と返事をすると思います。

そして「絶対に出席してくれますか」と念を押されたら「もちろん、絶対に出席します」と返事をします。

しかしこの約束は、仮の約束でしかありません。と言いますのは、この約束の直後に大怪我をして入院することになれば会議には出席できなくなるからです。**この世では絶対という約束ができないのです。**

そういう意味で、この世は仮の世界なのです。

さらにここから私なりのひもときをしたいと思います。

お経に「三諦《さんたい》」という言葉が出てきます。三つの「諦《たい》」ということです。

「諦」とは、明らかにするとか、真理という意味があります。

ですから「三諦」とは三つの明らかな真理ということです。

その三つとは、「空《くう》・仮《け》・中《ちゅう》」の三つです。

「空」とはすべてのものに実体はないということです。

「仮」とは、実体のないところに、因縁によってできた仮のもののこと。

「中」とは、「空」にも「仮」にも偏らないということです。


これらについても例を挙げましょう。

ここに一つの椅子があるとします。この椅子は元々どこにあったのでしょうか。

この椅子は、ここに運ばれてくる前は家具屋さんにありました。では家具屋さんの前はどこにあったのでしょうか。

それは家具職人さんの工場です。ではこの工場の前、椅子はどこにあったのでしょうか。

それは、二次元の世界にありました。すなわち設計図、完成図の平面世界にあったのです。

ではその前はと言いますと、それは設計をした人の空想の中にあったのです。逆から辿れば、まず設計士さんの空想の中から、二次元の図面に出てきて、それを元に木材を集めて製作をします。

ということは、人間が作ったものというのは初めは空想、すなわち「空」から出てきたものなのです。そしてその途中の図面は、ものはできていないが、完成が見えている状態、すなわち「中」と捉えることができるのではないかと思うのです。

先ほどの約束の例から見ますと、仮の世界では絶対的約束ができません。だから約束を破らないためには、約束をしないことです。

しかし約束をしないとこの世界では社会生活が成り立ちません。

約束ができないことを「空」。約束をすることは「仮」。そして約束はするけれども、それは絶対のものではないということを「中」、即ちどちらにも偏らない考え方です。

このように、私たちのこの世界は「空」「仮」「中」という3つの法則で成り立っています。ですからすべてにおいて実体はないのです。しかし、実際には私たちが見たり触ったりできる実体はあるわけです。ですが、その実体は「仮」即ち仮のものだということです。

私、三木大雲は、今まで食してきたもの、産んでくれた両親、辛いときに励ましてくれた人や本など、数えきれない魂と命の塊です。それは三木大雲でありますが、三木大雲ではないのです。

三木大雲は、目に見えないそれら命や魂という「空」でもあり、三木大雲という「仮」でもあり、幾多の魂の影響を受ける「中」でもあるのです。

この説明はあくまで学術的、専門的な意見とは違う発想かもしれません。仏教に詳しい方は異論が多々あると思います。しかし本書が学術的難解なものにならないために、極端な例を挙げていますことをご理解ください。

人間の内なる〝念〟を変えれば世界もガラッと変わる

少し話が難しくなりましたので、お伝えしたい趣旨に戻ります。

つまり、この世は完全なる実体の見えない世界であり、言い換えれば「仮の世界」なのです。

悟りの世界、即ち**「仏界」と呼ばれる世界から見ると、この世は「仮の世界」だということです。**

お経をひもといた結果、「仏界」というお釈迦さまがおられる世界はどこにあるのかというと、私たちのこの世界に同時にあるということになります。

しかし次元が違うので、私たちには感知しにくい世界なのだということです。

ですがこれらをよくよく考えると、この世を変える方法が見えてきたのです。

それは「仮の実体は空から来ている」。

即ち**「空」の世界を変えることで、仮の世界を変えることができる**のです。

「空」の世界を変えるためには「空」の世界がどこにあるのかを見つけなければなりません。

「空」の世界は、私たちの中に内在しているのです。


空想、思考、心、魂、気、これらが「空」の世界です。人間が考えて、何かを製作したり、何かを行動したりすることは、人間の想い「念」というものが元になって現れています。

ということは、その**「念」を正しいもの、浄いものにすることで、仮の世をも浄いものにすることができるはずです。**


例えば、意見の対立があったとき、人の念はいろいろなことを考えます。

ある者は武装することを考えて、銃やミサイルの製作をするかもしれません。

ある者は互いの意見を理解し合うことを考えて、認め合い、許し合うという行動を生み出すかもしれません。

私たちの念は、世界を変えることができるのです。そのことを仏教では「一《いち》念三千《ねんさんぜん》」と言います。

人間の「一念」即ち一瞬の想いが「三千」の世界に影響を及ぼすという意味です。

「三千」の世界とは、人間の世界や死後の世界、仏や神の世界まですべての世界です。そんな世界にまで影響を及ぼす力があるのです。

明るい未来か、不安な明日か。
私たちの持つ「念」が世界全体を変化させるための鍵なのです。

お経には最先端の科学が記されている

この「念」について、科学的な視点からさらに解説していきます。

『妙法蓮華経・化城喩品《けじょうゆほん》第七』の中に、次のように書かれた部分があります。

「其国中間《ごこくちゅうげん》　幽冥之処《ゆうみょうししょ》　日月威光《にちがついこう》　所不能照《しょふのうしょう》　而皆大明《にかいだいみょう》
其中衆生《ごちゅうしゅじょう》　各得相見《かくとくそうけん》　咸作是言《げんさぜごん》　此中云何《しちゅううんが》　忽生衆生《こつしょうしゅじょう》」

「その国と国との間に、暗黒の場所があります。そこは、太陽の光も月の光も照らすことはできません。

しかし、如来が悟りを得た時、宇宙中が明るく照らされました。幽冥《ゆうめい》の暗闇も照らされて、その中にも世界があったのかと互いに驚きました。そしてそれを見た人々は、まるで暗闇の中に生き物を生まれさせたようだと言いました」

この部分を私なりに解釈をしてみますと、現代の科学力がなかった時代には理解不可能な事柄であります。

まずは、その国とありますが、これはどこかということです。

これは人間や生き物が暮らしている星を指しています。私たちから見ますと、宇宙人の住む星のことです。お経の中に、この宇宙には生命の住む星がたくさんあると書かれています。

その星と星との間にある暗闇。太陽や月の光すらも照らすことができない領域となると、ブラックホールです。

「其国中間　幽冥之処　日月威光　所不能照　而皆大明」

この部分は、ブラックホールについて書かれているのです。

そして、現代科学でも証明されていないその先についても書かれています。

ブラックホールを抜けた先には、もう一つの宇宙があり、その中にも私たちのような生命体がいるのです。

遠い昔に、大通智勝仏《だいつうちしょうぶつ》という仏さまが悟りを得たときに、宇宙全体が光に包まれました。その際、ブラックホールの中も照らされて、その先の宇宙が見えたのです。それを互いの宇宙空間にいた人たちが知って、驚き合ったとあるのです。その様子は、ブラックホールの中に突然、宇宙を作り上げたかのようだと言ったと書かれています。

仮に、ブラックホールが照らされても、現代の科学ではその中までは確認できないと思います。ましてや、科学の発達していない時代においては、なおさらわけのわからないお経だったと思います。

第一章で、ようやく本当のお経の素晴らしさとすごさを多くの方と共有できる時代がきたと書かせていただきましたが、その理由の一つは、**お経に現代科学が追いついてきた**からです。

しかし、お経に追いつけていない部分も多々あります。例えば「気」や「念」といったものは、いまだ科学で証明されておりません。

お経には、**私たちが未来を守るには「気」や「念」が大切だと書かれています**。

それについて、拙い科学の知識を用いて説明させていただきます。

量子力学の世界で、「二重スリット」と言われる実験があります。

まず一枚の襖に、縦長の穴を二か所空けます。その穴に向かってボールを投げると、ボールは穴を通って向こう側の壁に当たります。これを何度も繰り返すと、やがて壁の二か所に縦線状にボールの跡が残ります。

次に波という性質で実験します。波状のものを投げるのは難しいので、鐘を鳴らします。鐘を鳴らすと空気を揺らして音が広がりますが、やがてボールと同様に縦線状に壁に当たります。なぜなら、二か所の穴を通り抜けた音波は、互いにぶつかり合って縦線状になるからです。ボールと違うのは、音波同士が干渉し合うことで縦線が縞模様のように何本も残るということです。

しかし問題は、電子という物質を使って実験をしたときの結果です。電子とは素粒子の一つで、目に見えないとても小さな物質です。

この電子を同様に襖に向かって飛ばすと、反対側の壁には縦線が二本できるはずです。ところがそうはなりませんでした。壁には縞模様のような縦線の跡が残ったのです。即ち、波状のものを飛ばした時と同様の跡が残ったのです。

そこで今度は、電子一つ一つがどちらの穴を通ったのかを観測することにしました。すると再び不可解なことが起こります。観測を始めると、二本の縦線のみとなったのです。そして観測をやめると、また複数の縦線に戻りました。

この実験結果から、人間が観察するという行為、意思が加わると、電子は粒の性質となり、意識していないと波状に変化をしたということになります。つまり、人間の意志が物質に変化を与えているのではないか、ということです。

この実験は間違いとする方もおられますので、検証が必要なのも事実です。

ですが私は、**人間の意志が世界に影響を与えていることは、間違いのない事実だと思います**。

お経というものは最先端科学の書かれた書物だと思っています。

いまだ解明されていない宇宙の真理。「気」「念」という人間が出す目に見えない物質が、世界に影響を与えているということなど、すべて人間がいまだ到達していない科学の世界だと思っています。

今こそお経を科学的に捉えて、研究の教科書とすべきだと思います。

第七章
徳を積むための“気”の遣い方

人間、大地、言葉の生命は三つの〝気〟から成り立っている

人間は生まれ持って「気」という目に見えないものを持っています。

東洋の文化では特にこの「気」というものを大切に考えています。

例えば、日本では目に見えないものを信じない人でも、何か不思議な現象に遭遇するとこう言います。

「気のせいかな」と。

これは、目に見えないものを否定しつつも「気」というものを肯定していることになります。

科学的、理論的に解決できない問題は、気のせいにして整合性を持たせているわけです。科学的なものの中に非科学的な「気」という存在を認めているということです。

この気というものの正体は一体なんでしょうか。

お経の中に「三精気《さんしょうき》」という言葉が出てきます。これは、ある三つの精気ということです。

「地精気《ちしょうき》」「衆生精気《しゅじょうしょうき》」「正法精気《しょうぼうしょうき》」の三つのことです。

「地精気」とは、大地の持つ精気のことです。

地の持つ力は言うまでもなくすごいものです。

例えば、大根の種を地面に蒔きます。その小さな種はやがて大きな大根となって収穫できます。これは大地の持つ大きな力です。

地は、人間にとっては食べ物の蔵のようなものです。お地蔵さまの「蔵」とは、この大地を指して言うのかもしれません。

次に**「衆生精気」とは、生き物の持つ精気のことです。私たち人間が持つ気がこれにあたります。**

気が病に罹ると「病気」と言い、怒りやすい人を「短気」と表現します。その他にも「やる気」「根気」「気が合う」「気が滅入る」「気が重い」「気が晴れる」「気を許す」「気が散る」「気分がよい」など、気を使った言葉が日本にはたくさんあります。これらすべてが「衆生精気」です。

次の**「正法精気」とは、お経が持つ精気のことです**。

その教えの内容はもちろんですが、お経の文字の持つ力もこれにあたります。

お寺でご祈禱などを受ける際、お坊さんがお経を読経します。先祖供養なども同じで、この時の読経による力が「法精気」に当たります。ですが、末法においては『妙法蓮華経』のみが「法精気」をまとっています。

これらすべてに付く「精気」というのは「生命力」です。生命が元々持っている力とご理解いただいて大丈夫です。

人間の体と気をつなぐものが〝心〟心が〝気〟となり元気を作る

さて、この「三精気」ですが、三つがお互いに補完し合ってこの世界が成り立っています。

大地が汚れると人間の食べ物が汚れます。その逆に、人間が汚れれば大地も汚れるということです。

例えば、人間世界で工業化が進みますと、人間は住みよくなるかもしれません。しかしその一方で、自然は壊され、大地には汚染物質が撒かれるということがあります。

こうなれば「地精気」はどんどん失われていきます。その結果、私たちの食物も気を失っていくのです。すると、私たちもよい気を取り込めなくなり、気が衰えていってしまうわけです。

さらに言えば、大地は雨に含まれる不純物を浄化してくれます。そして人間の飲み水を提供してくれています。

しかし大地が汚れると、その水も汚れます。その汚れた水は海に流れて蒸発します。蒸発すると空に溜まります。空に溜まった汚れた水は、風に乗って世界中に運ばれて、やがてまた大地に降り注ぐことになります。

ですから、生きとし生けるものたちにとって「地精気」はとても重要なものなのです。

このたとえは物質の汚れの話ですが、その根本には「気」があります。

「病は気から」という言葉がありますが、嫌なことがあって気が滅入ると、それはやがて物質に影響します。「気」が病に罹ってしまうと「病気」になります。

例えばストレスというものがそれに近いかも知れません。精神的なストレスという目に見えない「気」の変化が、物質的身体に影響を及ぼすという現象と同じです。

その逆に物質的ダメージから、精神的な気にもダメージは伝わります。人間でいうと身体と気をつなぐものが「心」だと思います。人の「心」の動きは「気」となり、周りに「雰囲気」となって出てくるのです。

「誰にも声を掛けられたくない」と強く心に念じていると、それは「話し掛けづらい雰囲気」となって、その場の「空気」を作り出すということです。「心」は「気」となり「物質的現象」へ変化していくものです。しかし「空気」の読めない人は話し掛けてこられるかもしれません。

生きとし生けるものは、生まれたときに、元々とても力強い精気を持っています。その元々持っている気のことを「元気」と呼んでいます。

私たちは落ち込むこともありますが、元来、元気な生き物なのです。その元気を生み出すのは、自分自身の「心」なのです。

他人のために〝気〟を遣うことが自分の幸福を得ることにつながる

では、私たちの持つ「精気」を健康に保つためにはどうしたらよいのでしょうか。

「精気を養う」という言葉があります。

その精気を養う方法は、人それぞれに違います。

自然の中で精気を養える人は、自然がその人の持つ精気の食事です。

音楽を聴いて精気を養えるという人は、音楽がその人の精気の食事です。

気の合う友人との会話という人もおられると思います。

リラックスした状態、まさに「気持ちのよい」状態のときに「精気は養われる」のです。

しかし、その状態を維持し続けるのはなかなか難しいことです。

精気を正常に保ち続けるためには「心」を正常に保ち続ける必要があります。ですから「お経」には常に「心」を正常に保つ方法が書かれています。

その方法は「中道」だと説かれています。

「中道」とは、偏りのない考え方を保つことです。どちらか一方の考え方に偏らないようにしなさいということです。


客人にお茶を出すときにもこの考えは必要です。

夏の暑い最中に来られたお客さんに対し、熱いお茶を出すべきか、冷たいお茶を出すべきか。

その答えは、お客さんの状態を見て考えなければなりません。

お客さんは今、汗をかいているかどうか。もし汗をかいているようなら、まずは少量の少し熱めのお茶を出します。

少し熱めのお茶はお客さんの汗を引かせます。次に冷たいお茶を出せば、喉の渇きを癒すことができます。

冬であるなら外気温を考慮して、厚めの湯呑みに熱いお茶を入れて出します。こうすることで、厚めの湯呑みであれば、熱すぎずに手を温めることができます。そしてその後、頃合いの温度のお茶を飲んでもいただけます。

このように、そのときの状況によって、中道の加減は変化します。その変化に対応することを「気配り」と言います。

「気配り」をすることは「気」を遣います。気を遣うのは疲れます。しかし古来日本人は「気配り」を大切にしてきました。

なぜなら、他に対して「気配り」や「気」を遣うことは、相手を喜ばすことができるからです。「相手が喜んでくれる」ことは、すなわち「自分の喜びである」と考えているからです。

自分だけの幸福を考えるより、他人の幸福を考えることで、自らが幸福になれるということを古来の日本人は当たり前に思っていたのです。

これこそが「中道」です。

自分の幸福に偏りすぎることなく行動することで、他人の幸福を導くことができます。その結果、自らの幸福を招くことができるのです。

互いに「気配り」をすることで、日本は「和」という宝物を手に入れてきました。聖徳太子の定めた十七条憲法の第一条「和をもって尊しとなす」とはこのことです。

この「気を配る」という行為は、人間同士だけではいけません。他の動物に対しても、ものに対しても、自然に対しても慈しみをもって「気」を遣わなければなりません。何事にも「気遣い」が必要なのです。

人と接するときには、相手を不快にさせないように気遣いが必要です。

扉の開け閉めをするときは、建具が傷まないように静かに開け閉めをするよう、気を遣わなければいけません。食事のときにも、くちゃくちゃと音を立てて食べないように周りに気を遣わなくてはいけません。

「そんな邪魔くさい生活ができるか」と言う方もおられるかもしれません。しかし「気」というものは、遣わなければ遣い方がわからなくなってきてしまいます。「気を遣う」ということは、日々の自分を鍛えるための鍛錬であり「衆生精気」を養うために必要な修行でもあるのです。

このようにお経、即ち「仏法」から「衆生」である私たちが生き方を学べば「衆生精気」も「法精気」もまた「元気」を取り戻し、やがては「地精気」にも力が戻ってきます。

「三精気」を「元気」にするためには、まずは人間の心を正すということが大切なのです。

今の時代には「得」を得ることばかり考えるのではなく「徳」を積むことが、明るい未来を築くために必要なのです。

第八章

真理の証明
～魂のデトックス～

お経に記されたことは真実になる――身をもって体験した日蓮聖人の生涯

さて末法の世において、『妙法蓮華経』に書かれたことを信じて実行することで、本当によき未来を迎えることができるのか。読者の皆さまの中には、この疑問をお持ちの方も多くおられるのではないでしょうか。

しかしご安心下さい。これからお経に書かれていることを実践すれば、未来が変わるという証拠をお示しいたします。

今から約八百年前の鎌倉時代、末法の時代に入ったこの世に「三災七難」がくると知り、日本に『妙法蓮華経』を広めたお坊さんがいました。その人は「日蓮聖人」という方です。

しかし、この『妙法蓮華経』を末法時代に広める時、その身に起こるであろうリスクがお経に予言されていたのです。

それは、お経を知らない人や慢心している僧侶から攻撃をされたり、批判を浴びたりするということです。このような人たちは、実は体に悪鬼が入ってしまっているのです。その悪鬼の力によって『妙法蓮華経』を広めようとする人の邪魔をし、広める人の精気を悪鬼が食べていくのです。

そしてこの他にも、火に関する難や水に関する難、それに加えて枷鎖難《かさなん》と言って無実の罪で逮捕される難などが起こると予言されています。

よいことをしようとしているのに、なぜこのような難が起こるのか。その理由の前に、簡単ではありますが、日蓮聖人の生涯を書くことにします。

千葉県の清澄寺にて出家された日蓮聖人は、その後、京都比叡山で仏教を勉強されて、今が末法時代にあることを知り、『妙法蓮華経』を学ばれます。

千葉県に帰られて、『妙法蓮華経』に帰依する、書かれていることを信仰しますという宣言をされます。その宣言の言葉が「南無妙法蓮華経」です。

「南無」とは帰依する、信仰する、信じるという意味です。「ナーム」の音写です。ですから『妙法蓮華経』を信じますという宣言なのです。

その言葉通り『妙法蓮華経』の布教に人生を捧げます。すると、お経に書かれた予言通り、幾多の難に遭われます。

その中でも大きな難が、合計で四回ありました。日蓮聖人自身も「大きな難が四回、小さな難は数知れずあった」と後に書いておられます。

大きな難の一つ目は、日蓮聖人が三十八歳の時、当時住んでおられた鎌倉の松葉ケ谷という所で起こりました。日蓮聖人が草庵でお経をあげた後、月にも手を合わせようと戸を開けると、竹藪から白い猿が数匹入って来ました。

その猿は日蓮聖人の手を引っ張り、裏山に連れ出します。その直後、草庵の方から火の手があがりました。何者かが焼き殺そうと火を放ったのです。

二度目の難は、日蓮聖人が三十九歳の時、鎌倉幕府に囚われて、伊豆の海にある俎岩《まないた》と呼ばれる岩礁に置き去りにされました。しかしこの時、たまたま通りかかった船守弥三郎という人に助けてもらい、命拾いされています。

三度目は千葉県に里帰りをした四十二歳の時のことです。小松原という所で、敵視していた人らが襲撃をしてきました。

何度、殺害しようとしても命を奪うことができないので、やがて幕府の手によって、佐渡への島流しが決行されます。これが四度目の難となります。

幕府の出した刑は島流しでしたが、誰が言い出したのか、途中で斬首することになったのです。その場所は、現在の神奈川県藤沢市です。そこまでは体を縄で縛り馬に乗せて運ばれて行きました。

その途中に偶然、鶴岡八幡宮の前を通りました。すると日蓮聖人は馬を止めて欲しいと頼まれます。そして八幡宮の前で馬を止めると、大声でこう言われました。


「八幡大菩薩はまことの神か。法華経を広めようとする者を守護するとお釈迦さまと約束されたではないか。その約束を急いで果たしに来る時です。もし私がこのまま首を切られたら、天照大御神や八幡大菩薩は約束を果たさなかったと、名指しでお釈迦さまに申しつける」


このようなことを言って、再び馬で刑場へと連れて行かれました。

刑場に着いた時にはもう夜で、辺りは暗かったようです。そこには、刑を見に来た近くの住人が集まっていました。

そして、今まさに斬首刑が行われるその時に、驚くことが起こりました。

その時の様子が、日蓮聖人御遺文『種種御振舞御書《しゅじゅおふるまいごしょ》』にこうあります。

「江ノ島の方から、月のように光るボール状の物が、東南から西北へと飛んで行った。深夜なので人の顔も見えないが、光る物が月夜のようで周りにいる人々の顔がみんな見えた。

首をはねる介錯人の侍も、目が眩んで倒れ、兵たちも恐れて飛び退いた。馬の上でかしこまる者や、うずくまったままの者もいた」

これにより首をはねられることなく命を救われておられます。この時の光る玉の正体は、恐らく八幡大菩薩なのだと思います。学者様の中には、彗星だという意見もあるそうですが、彗星の明かりでは周りの人の顔まで見えないのではないでしょうか。

これらの話で一体私が何を言いたいのかと申しますと、本当に『妙法蓮華経』を広めようとすると、幾多の難が起こるのだという事実です。

ということは『妙法蓮華経』に書かれていることは、実行すればその結果も書かれているようになるということです。

日蓮聖人という方は、自身の人生をすべてお経に書かれた通りに実行してみるとどうなるかを検証実験された方だと言っても過言ではないわけです。

しかし次に疑問となるのが、正しいことをしているのに、なぜこのような難が起こるのかということです。

それについてお経には「罪障消滅《ざいしょうしょうめつ》」と出てきます。「罪障」とは、前世、前前世、前前前世と、長い輪廻の中で犯してきた罪のことです。前世で自分がどのような悪事を働いたかは記憶にありません。ですが、過去世の行いが現世に影響を与えているのです。

過去世において『妙法蓮華経』は間違っているだとか、広めようとしている人を攻撃したことがある場合は、それが難となって自分に返ってくるのです。そして一定の罪障が消えたら、「輪廻転生《りんねてんせい》」しなくてもよい世界に生まれ変わることができるのです。この仕組みについて、さらに詳しく解説します。

人に恵まれないと感じたら まず自分が変わることが大切

仏教では「輪廻転生」という生まれ変わりのシステムが書かれています。

「輪廻転生」とは「六道輪廻」のことで、「地獄界・餓鬼界・畜生界・修羅界・人間界・天上界」の六つの世界があります。

「天上界」とは、神さまやその眷属《けんぞく》（一族や身内）が住んでいる世界で、苦しみや悩みの少ない世界です。

「人間界」とは、私たちの住んでいるこの世界です。

「修羅界」とは、日々争いの絶えない世界です。

「畜生界」とは、善悪のつかない生き物の世界です。

「餓鬼界」とは、飢えと渇きの世界です。

「地獄界」とは、誰の助けも得られず、苦しみに終わりのない世界です。

この六つの世界は、この世の行いによって、死後に行く世界だと言われています。

しかし一方で、**生きている私たちの暮らす世界にも六道は存在しています**。

「怒るは地獄」と言って、短気な人は周りに人が集まってこなくなります。そうなると孤独になり、困った時や苦しい時に、誰の助けも得られません。

これをこの世の地獄と言います。

次に「貪るは餓鬼」と言って、永遠に欲しいものが手に入らない世界です。

例えば、欲しかった服を買ったとします。しかし次のシーズンに新作のデザインが出れば、それも欲しくなります。このように、生涯でこれさえあれば満足だというものが見つからなくて苦しむ世界です。

次に「愚かは畜生」と言われます。愚かというのは、善悪の区別がつかない者のことです。

例えば一匹の野犬がいたとします。その野犬がところ構わずおしっこをしたり、人に噛みついたりしたとします。しかし、野犬は善悪の教育を受けていませんから、致し方ないと思います。この野犬のように、善悪がわからない人間も存在します。

「イライラしていたから火をつけた」「嫌なことがあったから暴力を振るった」という人間がいますが、このような人間は、人間界にはいません。畜生界という善悪の理解ができない生き物の世界にいるのです。

そして「諂曲《てんごく》なるは修羅」と言います。「諂曲」とは媚びへつらうという意味もありますが、他人を馬鹿にするという意味もあります。慢心というのもこれに入ると思います。

そのような心を持った人は、争いの絶えない世界にいます。喧嘩や揉めごとが多い方は、この世界にいる人です。

そして、私たち人間界は「平らかなるは人」と言い、何ごとにも平らな気持ち、動じない心を持った人たちの世界が人間界なのです。

少しのことで怒ったり、落ち込んだりしない、喜怒哀楽が激しくない人こそ人間界にいる人なのです。

六道の最上界が「天界」です。この世界は「喜ぶは天」と言われます。何ごとにも喜べる心を持った人の世界です。

苦しいことがあっても、今までの幸福に感謝できる人。周りの人に感謝し喜べる人の世界です。このような人は、地獄にいる人と真逆の世界にいます。

地獄にいると、困った時は誰にも助けてもらえません。

しかし天界にいる人は、普段はもちろん、困った時にもたくさんの人の助けを得ることができます。これが天界なのです。

これら六道の世界ですが、死後の六道も、この世界の六道も、必ず輪廻を繰り返します。

輪廻とは、輪を廻るという意味ですから、天界に行っても、そこで悪事を行うと、悪業となって再び下の世界に落ちてしまいます。

では、私たちはいつまでも六道を輪廻し続けるだけの存在なのでしょうか。

実はそうではありません。**私たちの目標は、この輪廻の輪から抜け出すことなのです。**

六道という六つの世界には、さらに上の世界が四つあります。その四つとは「声聞界《しょうもんかい》・縁覚界《えんがくかい》・菩薩界《ぼさつかい》・仏界《ぶっかい》」のことで、その世界を「四聖道《ししょうどう》」と呼びます。

「声聞界」とは、徳の高い僧侶や聖人から話を聞いて、六道輪廻から抜け出した方々の世界です。

「縁覚界」とは、いろいろな縁によって六道輪廻を脱した方々の世界です。

「菩薩界」とは、ただ自分が六道輪廻から脱しただけではなく、たくさんの人々をも六道輪廻から脱せさせた方々の住む世界です。

「仏界」とは、その文字通り、すべての悟りを得た如来の世界です。

「六道」から抜け出し、この「四聖道」に入れれば、私たちは二度と輪廻をしなくてもよい状態になります。ただし、自分から望んで「六道」に降りてくることは可能です。

お釈迦さまの場合は「仏界」におられたのですが、自分から望んでこの世に出現した人なのです。

その目的がお経に「愍衆生故　生此人間（衆生をあわれむが故に、人間に生まれた）」と書かれています。「四聖道」から六道に暮らす人々を見ていて、哀れみの心を起こして、人間となって生まれたということです。

これはお釈迦さまだけではなく、他にもそのような人間はいます。

そしてその人たちは、必ず『妙法蓮華経』と深い縁のある方だとお経に書いてあります。ですので、読者の方々の中にもおられるかも知れません。


六道と四聖道を総称した「十道の世界」には、いくつかの特徴が見られます。P．180でも触れていますが、物理的に人間の姿形をしていながら、人間界にいない場合があります。「イライラしていたから関係のない人を殴った」という場合、善悪の区別を理解できていない人です。この人は見た目には人間ではありますが、住んでいる世界は「畜生界」です。

「畜生界」に落ちている人は、必ず同じように、善悪の区別のつかない人と縁ができます。他の世界に関しても同じことが言えます。

ということは言い換えれば、自分の周りの人は、自分を投影した人だとも言えるわけです。

周りの人に恵まれないと思われる方は、まずは自分自身を変える努力から始めることが大切だということです。

私たちが、輪廻転生システムから脱出し、四聖道に入るには、過去からの罪障を一定量消す他に方法はありません。

しかし、「自分が四聖道に入りたいから」という気持ちでは、仮に四聖道に入れたところで、声聞界、縁覚界という四聖道でも下のほうの世界にまでしか行けません。自分のこともですが、やはり世界の人々のために教えを広めるという心持ちが必要です。

と言いましても、私自身も本書をお読みの皆さまも、今から『妙法蓮華経』を一からすべて勉強して、罪障の消滅に全力を注ぐのは難しいことです。もちろん、できる方はぜひやっていただきたいですが。

では、どのようにして少しでも罪障を消すのか。その方法を書きたいと思います。

嫌なこと・苦しい出来事は過去の罪を消す絶好のチャンス

まず、今生（この世）での注意を書きますと、心が三毒に囚われないようにしなくてはいけません。三毒はＰ．１１５でも書きましたが、貪《とん》・瞋《しん》・痴《ち》の三つのことです。

この三毒を持っていると、必ず今生で罪を重ねてしまい、今よりも悪い状況に落ちる可能性があるからです。つまり、人間界よりも下の世界に行ってしまう可能性が強くなります。

先日、私に一通のダイレクトメッセージが届きました。それは「早く死ね」という内容のものでした。おそらく私のＹｏｕＴｕｂｅや、テレビ番組、書籍などを見てそう思われたのだと思います。

時々、このようなメッセージをいただきます。その都度、私はこう返信します。

「私は今、五十二歳ですので、あと五十年以内には死んでしまうと思います。それまでしばらくお待ちください」

すると返信がすぐに来ました。

「俺は今、六十代後半だから、五十年も待てない。すぐに死ね」

と言うのです。そこで私は、再び返信をしました。

「そんなことを言わずに、五十年頑張ってください。せめて百歳くらいまで元気でいてください」

すると十分ほどの間をおいてこう返ってきました。

「三木さんのほうこそ頑張って長生きしてください」とメッセージをくださったのです。

もしも一通目のメッセージを見て私が怒ったとします。そして感情に任せて「そっちこそ死ね」と返していたとします。

すると向こうもさらに腹を立てて、やがては刀傷沙汰になっていたかもしれません。ですから、怒りの心を起こさず、相手に対して慈悲心を持つことで回避できたのだと思います。

これが罪障を作らないための方法です。そして、このときの**相手を許すことで、一つ過去の罪が消えるのです**。

このメッセージが来たときには、私はとてもショックで、悲しい気持ちになりました。見ず知らずの人から「死ね」と言われるのはとても辛いことです。しかし、これはもしかすると、過去世に私が誰かに対して「死ね」と言ったことが、現世に現れたのではないかと思ったのです。もちろん、記憶はありませんが「前世か前前世で誰かに言った罪が、今、返ってきているのかもしれない」そう思ったのです。

そう思って、相手に対して慈悲心を持った返信をしたところ、この方も優しい言葉を送ってくださいました。なんとなく一つ罪が消えたような気持ちになれました。

そう考えますと、**嫌なことや苦しいこと、辛いことなどは罪障を消すチャンスタイムなのです**。

しかし同時に、罪障を作ってしまう可能性もあるわけです。

簡単に言えば、嫌な相手が出現したときには、許すという心を持って接しなければいけないのです。

ここでお釈迦さまと弟子のエピソードを紹介します。この話は、お釈迦さまの肉体が亡くなるときのお話です。

お釈迦さまはもうすぐ自分の肉体から離れようと考えておられました。そして横になっておられると、それを察した弟子の阿難が、何か言いたそうにしていました。

「阿難よ、何か聞きたいことでもあるのか。遠慮なく聞きなさい」とお釈迦さまはおっしゃいました。

すると阿難は「お疲れのところをすみません」と気遣いながらこう聞きまし

た。

「誰とでも善き友になるように努めて、そして善き友となり、その善き友に囲まれて暮らすことは、仏教の教えの半分くらいを理解したということではないでしょうか」

そう尋ねました。するとお釈迦さまは次のように答えられました。

「阿難よ。あなたは大きな勘違いをしている。

誰とでも善き友となるように努め、そして善き友となり、その善き友に囲まれて暮らすことは、仏教の半分を理解したのではない」

そして続けてこう言われたのです。

「仏教の半分ではなく、それこそが仏教のすべての教えなのです。よく理解しましたね、阿難」

そう言って阿難をとても褒められました。

このエピソードを聞くと、仏教はとても簡単な教えだと思えますが、そうではありません。

まず「誰とでも善き友となる」ということは、どんなに嫌な人間に対してもそう接しなければいけません。これはとても難しいことです。

そして、どんな嫌な相手でも「善き友となる」とは、相手にもそう思ってもらわなければなりません。

それだけではなく「善き友に囲まれる」とは、たくさんの人たちと、という意味です。

最終的なことを言えば、**世界中の人間と、善き友になるということです。**

これができれば、世界中から争いごとも戦争もなくなるということです。

もしこうなれば、罪障も新たに生まれることもありませんし、過去の罪障もすべて消し去ることができるのです。

しかし日々生活を送る中で、これも簡単なことではありません。ではどうすればよいのでしょうか。

少し私の話をさせていただきます。

私はゴミ拾いをしながら歩くことがあります。初めは目的もなく、ただゴミ拾いをしようと始めたのです。そして、ゴミ袋のゴミの量が自分の積んだ功徳ということにしようと考えました。そうすることで、ゴミ拾いがありがたいことに思えたからです。

そしてゴミ拾いをしていたある日、一人の男性が私にゴミを投げつけてきました。私は思わずその人のほうを見ますと、目が合ったのです。するとその男性は私を見ながらこう言ってきました。

「ゴミ拾いをしてるんだろ。俺のゴミをあげるから捨てておいて」

そう言われたのです。

私はこれを聞いたときに「なるほど」と思わず声を出していました。

「俺のゴミをあげる」という言葉は、まさにその通りだと思ったのです。

徳を積ませてあげるということなのでしょう。

もちろん、この男性はそんなことは考えておられなかったでしょうが、私にはそう言われたように感じたのです。

これが「常住此説法」つまり常にここに住んで、説法をしてくださっているお釈迦さまの声だと思います。密着するくらい近くに感じることができ、それにより考え方を変えることができるのは、人間が平等に持つ力です。

その力こそお釈迦さまの存在なのです。

このような考え方も、お経の解釈として間違いはないと思います。

相手やその行為を許していくことで、自身の罪障を消滅させていくというのも罪障消滅の方法です。

しかし、この方法には落とし穴があります。

善い行動、善い行いというものを「徳」と言います。

その「徳」を繰り返していくことを「積徳《せきとく》」、つまり徳を積むと言います。

この「徳」をポイントという表現に変えれば、「積徳」とはポイントを稼ぐことです。

実はこのポイントは、怒りの心や行動が生じたとき、減点の対象となってし

まいます。

ですからまたゼロからやり直しということや、人によってはマイナスポイントが付いてくる場合もあるのです。

できれば今生をプラスで終わりたいものです。

自分は短気な性格なので、すぐにポイントをなくしてしまう。それならばいっそのこと、我慢をするのではなく好き勝手に生きてやろうと、投げやりに思う方もいるかも知れません。

そんな人のために、罪障消滅の究極奥義があるのです。

それが「読経《どっきょう》」です。お経を読むということです。

お経を読むということは「正法精気」（P．162参照）を得るという行為です。しかも『妙法蓮華経』は、別名「罪障消滅経」とも言われています。

ですから一心に「罪障消滅」を念じながら読経すれば、罪を軽くすることができるのです。

しかしながら、読経というものは、まったくお経の中身を理解しないで読んでも効果は少ないです。やはり理解をある程度していないと読み手も念がこもらないのではないかと思います。

そう考えると、今から『妙法蓮華経』の勉強をして、読経の練習もしてとなると、それもまた難しいことです。

ということで、私のような僧侶が、皆さまの代わりにお経を読んで差し上げるのです。しかし、なかなかお寺に行けない方もおられると思いますし、毎日となるとそれも難しいと思います。

そこで究極奥義とされるのが「南無妙法蓮華経」と繰り返し唱えることです。これは僧侶がいなくても自分でできます。

もちろん、自宅とお寺の本堂とでは念の力に違いはあるかもしれませんが、少なからず「正法精気」を得ることができます。

末法時代を生きる私たちには、ありがたく楽な方法です。とても楽な方法で拍子抜けする方もいるかもしれませんが、実は非常に難しいことなのです。

なぜこれが難しいことなのかというと、それは縁がなければ出会えないからです。

『妙法蓮華経・妙荘厳王本事品《みょうしょうごんのうほんじほん》第二十七』や『涅槃経』というお経などにその難しさが書かれています。要約すると次の通りです。

「海底に住んでいる片眼の亀さんがいました。その亀さんは、百年に一度だけ海上に上がることができます。そんな片目の亀さんの望みは、海上に出て、自分の甲羅がぴったりと挟まるサイズの穴が開いている栴檀《せんだん》という香木で休みたいというものでした。

あるとき、百年に一度の海上へ浮上する日が来ました。そして海上に上がっていくと、そこに偶然にも栴檀の浮木が流れてきて、その浮木には亀さんがぴったりと挟まる穴があり、そこで休めました」

百年に一度のタイミングで、木の種類も穴のサイズも思った通りのものに出会う確率は途方もなく低いものです。

末法の時代に生まれて『妙法蓮華経』に出会う確率は、これと同じくらい難しいということです。

縁というものは、自分の努力だけでどうこうできるものではありません。『妙法蓮華経』と出会えたことは、私たちの想像を絶する確率なのです。

途方もない確率の中で私たちは現世に生きている

さて、次の話は、私の個人的体験です。

私は京都のお寺の次男として生まれました。実家のお寺は兄が継ぎ、私は継ぐお寺がなかったので、大きなお寺に勤めて生計を立てておりました。

勤め始めて数年が経った頃、あるお寺が後継者を募集していると噂を耳にしました。すぐにそのお寺に連絡をするのですが、なぜか私が選ばれることはありませんでした。その後も、何度となく後継者募集の話はありましたが、ことごとく選ばれませんでした。

いつかお寺の住職になることを夢見ていた私は、こう考えました。もしかすると、大きなお寺に勤めていては後継者募集の話が来ないのかも知れないと思ったのです。そして勤めていたお寺を辞めました。

辞めてからは、私の生まれ故郷である京都に家族で引っ越しました。

その頃の私は、結婚をして子どもも授かっていましたが、お寺が見つかるまでなんとか食いつなげば大丈夫だろうと、甘い考えをしていたのです。

料理屋さんなどでアルバイトをして、少ない給料と今までの貯金を使って、なんとかやりくりをしていました。そんな生活を続ける中、半年が経ち、一年が経ちと、時間だけが過ぎていきました。やがて貯金も底をつき、アルバイトだけでは家族を養うことが難しくなってしまいました。家賃や光熱費すら待っていただくような生活でした。この頃のことは、ここで詳しくは書きませんが、とても貧乏だったのです。

極貧の生活は人の心を蝕《むしば》みます。周りの人が幸せそうに見えて、羨ましく、そして腹立たしく思えてきたのです。

今まで苦しいお坊さんの修行をしてしてきたのに、なぜこのように不遇なのだろう。この世には神や仏など存在しない、そう思えてきたのです。

まさに「転倒の衆生」です。この頃の私はひねくれていたのです。

そんな生活の中、私はある噂を耳にします。

それは、一生に一つだけ希望を叶えてくれる石が、田舎の無住のお寺にあるという噂です。普段は誰もおられない空き寺で、お寺の住職は街の中にもう一つお寺をされております。

私はそのお寺の住職の許可を得て、訪ねてみることにしました。

当時、そのお寺は村の方々が管理されておられました。ですので、村の世話役さんに挨拶に行きました。するとこんなことを言われました。

「明日はちょうど、お題目さまの縁日なので、朝早くから村人がお寺に行きますが、ゆっくり寝ていてください」

お題目とは「南無妙法蓮華経」のことです。しかし「さま」を付けて呼ばれるのを聞いたことがありませんでした。

「お題目さまとは、誰のことですか」そう聞きました。

すると「願いごとがある人に、一生に一回だけ願いごとを叶えてくださる石なんです。明日は年に一度の縁日なんです。しかも村では今回で最後のお祭りになるのです」そう教えてくださいました。

その理由はいろいろとあるのですが、大きな理由は二つです。一つは過疎問題で、若い人がいなくなったということです。

そしてもう一つは、個人的な欲を叶えたいと考える若い人が、村のためのお願いをしなくなったからだそうです。ですから、私が訪れたこの時が、この村では最後の「お題目さま」のお祭りだったのです。

私は自分も参加させてくださいとお願いしました。今の貧困の現状、お寺の住職になりたいという強い思いを必死で話しました。そして、住職になったらどうしたいかという話も力説いたしました。

すると、なんとか了解をしていただくことができたのです。

その理由は、住職になってからの私の考えに賛同してくださったということ。そして何より最後の縁日に訪れた私と「お題目さま」の「縁」を感じたからということでした。

そして「お題目さま」に、どうか私を京都市内のお寺の住職にしてくださ いとお願いをさせていただきました。

この頃の私は、正直なところ、疑いの気持ちがありました。と言いますのも、京都の市内でお寺が見つかることは、可能性が極めて低い話だったからです。

お参りを終えてお寺を去るときに、私は村の方にこうお聞きしました。

「お題目さまは、この先どうされるんですか」

「そうでした、大事な話を忘れてました。数年後、三木さんがお寺の住職になられたら、あなたのお寺にお祀りください。寺の住職にもそう伝えてありますので、村を代表してお願いします」そう言われたのです。

そのすぐ後、私は不思議な夢を見ました。

金色のお釈迦さまの仏像が出てこられて、私にこう言われたのです。

「三十三歳まで頑張りなさい」

それを聞き終わると私は夢から覚めました。

そしてその夢の通りに、京都の蓮久寺の住職とならせていただきました。

そこで約束通り、蓮久寺に「お題目さま」をお迎えさせていただきました。

次に、私が蓮久寺に初めて引っ越してきたときの話です。

本堂の隣の部屋で寝ていると、ボロボロのお姿の大黒さまが夢に出てこられました。

「もう、出ていくわ」

夢の中で大黒さまは、関西弁でそう言って本堂の扉から外に出て行かれたのです。その際に、肩から提げておられる大きな袋から、いくつかのキラキラと光る宝物が落ちました。

「大黒さま、何か落ちましたよ」そう私は声を掛けました。

すると大黒さまは振り返って「そのくらいなら、大雲にあげるわ」と言って出ていかれました。

夢から覚めた私は、正夢かもしれない、もしかしたらどこかに大黒さまの仏像があるのかもしれないと思い、お寺中を探し回りました。

すると、本堂の端っこの壁の隙間に、夢で見た大黒さまがおられたのです。

その姿は、色は剥げ落ち、木は腐ったようになっていました。

後ろを見ると、肩から提げておられる袋の一部が欠けていました。おそらくこの部分から宝物が落ちたのでしょう。

やはりあれは正夢、いや夢ではなく現実なのだと確信した出来事でした。

蓮久寺は元々お檀家さまがほとんどおられないお寺でした。建物もかなり傷んでおり、雨漏りがひどく、雨の日はバケツをいろいろな場所に置いて寝なければならない状態でした。

こんな状況では、大黒さまが出ていかれるのも無理はないと思いました。しかしお金がなかったのです。

そこで私は大黒さまにとんでもないお願いをしました。

「どうか大黒さまがご自身で頑張ってくださいませんでしょうか」と。

当時の私は、お寺を維持するだけで一杯一杯だったのです。

それに大黒さまと言えば、福徳の神さまですから、修復費を集めることも私なんかよりも当てになるだろうと思ったのです。

それから数日後、お寺に小学二年生の男の子を連れて、初めてお会いするお母さんがお越しになりました。

ご用件をお聞きしますと「仏さまに寄付をしたい」とおっしゃるのです。

「ちょうど、大黒さまの修復費を集めておりますので、ご寄付いただきましたら、ご多幸をご祈願させていただきます」とお伝えしました。

すると、ぜひ寄付をさせてくださいと言って、陶器製の大きな豚の貯金箱を出されたのです。

「この貯金箱を割る前に、一つお願いがあります」と深刻なお顔で言われました。寄付をする名前を息子さんだけにして欲しいとおっしゃるのです。

私が理由を尋ねると、母子家庭で、いつも息子に寂しい思いをさせているので、よいことがあるようにそうしてほしいと言われました。

私は「お子さまだけでなく、お二人の名前でご祈願させていただきますので大丈夫ですよ」とお話ししましたが、お母さまは、頑《かたく》なに息子の名前のみでお願いしますと言われます。

後にわかるのですが、親子は貧困のあまり、無理心中を考えておられました。子どもを殺して自分も死のうと考えておられたのです。

ですから子どものためだけにお経をあげてほしいと言われたのです。

しかしこの帰り道、少ない財布の中のお金でスクラッチという結果がすぐにわかる宝くじを買われました。そしてそのくじは、寄付と同額の十万円が当たっていたのです。

その後、そのお金を元手に頑張られて、今は経済的に困ることなく元気に過ごしておられます。あの時にお寺に来られていなければ、お二人の命はなかったかもしれません。

その他にも不思議なご縁がたくさんつながり、数ヶ月後には大黒さまの修復費用は無事に集まりました。

幾多の不思議な出来事の詳細をここで記しますと、本書の趣旨が変わるおそれがありますので、あと一つだけ書くことにします。

お経が導いた仏さま・神さまとのご縁

京都の蓮久寺は、昔から吉野太夫寄進の赤門があり、芸能と開運にご利益があるとされてきました。

そう言われているにもかかわらず、私が来たときにはかなり荒廃していました。その原因は「精気」ではないかと考えました。

物事がうまく動くためには、お経に書いてある通り「三精気」（P．161参照）が整わないといけないと思うのです。

私の前の住職は、詳しく書けませんが、精神的に病気になられました。その結果、体も壊され、お寺の行事もできないほどでした。

「三精気」で説明しますと、住職が病に罹られて「衆生精気」が損なわれます。

それと連動して行事や祭事ができなくなり「正法精気」が損なわれます。そうなるとお寺という場所の持つ「地精気」が衰えてしまいます。その「三精気」を元に戻す。即ち、元気にするためには、そこに住む人が強い精気を出さなくてはいけません。

私の場合、蓮久寺が廃寺寸前のお寺であっても、それまでがとても貧乏でしたから、立派なお寺と思えました。そして夢にまで見た住職でしたから、とてもありがたかったのです。

さらに「お題目さま」に導かれたわけですから、感謝とやる気に満ちていました。周りの方からどんなに廃寺と言われても、私にとっては宮殿以上の建物だったのです。

そう思えたのは「貧乏神」のお陰だと感謝しております。「貧乏神」は、その名の通り神さまです。何の神さまかと申しますと、物の大切さを教えてくださる神さまなのです。

水道が止まったとき、水一滴のありがたさを感じます。お米が買えないとき、お米一粒のありがたさを感じます。

これらは「貧乏神」が私に教えてくださった物の大切さと、日常のありがたさでした。

お陰で、当時の蓮久寺は私にとってお城のように感じられたのです。

その結果、日々ありがたく、日々感謝して、テンションも上がりっぱなしだったのです。ですから「衆生精気」に満ち溢れていました。その状態でお経を読みますから「法精気」もどんどん上がってきたのだと思います。

日々お経を読む中で、芸能に強いお寺ですから、私に芸能関係でお仕事をいただけたら、頑張ってたくさんの参拝者が来てくださるお寺にしますと念じておりました。

すると、テレビ出演の話や、出版や講演の依頼をいただくようになりました。

中でも怪談番組への出演依頼が多く、僧侶でありながら、怪談番組に出ることに、世間の批判も多くいただきました。

しかしながら、怪談から説法を語る「怪談説法」をすることが、仏法を広めることにつながるのだと思い、何年も続けております。

その中で、仏さまや神さまは、存在すると言い切ってきました。仏さま、神さまの存在を証明したかったのです。

すると、テレビを見た方が、ＳＮＳなどで「嘘つきだ」「神や仏など存在しない」「本当に神や仏がいるなら、その力でお寺を建て直してみろ」と書かれたのです。

私はこれを見て「なるほど、確かにお寺を建て直すには数億円はかかる。もしお寺を建て直せれば、仏さまや神さまの存在証明ができるのではないか」そう考えたのです。

三木大雲という僧侶の生涯の二大目的は、仏法を広めることと、誰もが拝める場所の提供だと思っています。そのためにはお寺の建て直しは必須です。

その日、**私は自分も努力をしますので、お力をお貸しくださいと、自他力本願を願ったのです**。


そのタイミングで、また大黒さまの夢を見ました。

夢の中の大黒さまは、大きな浮遊する乗り物に乗っておられました。

その乗り物には、大黒さま以外に、甲冑《かっちゅう》をつけた人、頭の長い人、体の大きい人、琵琶のような楽器を持った女性、それに釣竿らしき棒を持った人、立派なひげを蓄えた人がおられました。

まさに七福神さまです。そして先頭にいた大黒さまが、私に話しかけてこられました。

「大雲、久しぶり。〝ばら〟を買ってきてくれ」

そう言われたのです。私は神さまに失礼があってはいけないと即答で「わかりました」と返事したのです。

その後、目が覚めて冷静に考えると「ばら」とは何のことだろうとなりました。バラ肉？　薔薇の花？　とも考えましたが、宝くじのバラではないかと、周りの人からの助言もあり、買いに行くことにしました。

宝くじ売り場に行くと、くじにはいろいろな種類があり、どれにするかと聞かれました。貼り出されていた見本の絵柄を見ると、その中に七福神が宝船に乗った絵柄のものがありました。

私が頼まれたのはこれだと感じて、宝くじのバラを十枚購入しました。

その結果、令和元年（二〇一九年）その宝くじは一等の一億五千万円が当たっていたのです。

しかし仏さまの修復や、下水工事などを含めるとそれでは足りず、クラウドファンディングもお願いして、お寺を建て直すことができました。

私はこれは「三精気」がこの蓮久寺に満ちた証拠であり、仏さまと神さまの存在証明ができたのではないかと思っています。

お寺が建て直ったことも、本書の出版も、私の力だけでは決してありません。周りの人たちの協力はもちろんですが、仏さま、神さまのお力があったからこそです。そういう「縁」があったわけです。

「縁」というものは、偶然でもたまたまでもないのです。「縁」とは必然なのです。

仏さま、神さまとの縁も、過去において「因」即ち原因があったからなのです。

そして本書を手に持ち、これをお読みいただいた皆さまも、偶然にお読みいただいたのではなく必然なのです。

ですので、どうかどうかこの末法時代に、左のお題目をご覧になりながら手を合わせ、「南無妙法蓮華経」とお唱えいただきたいと願っています。

令和六年十月

光照山　蓮久寺にて記す

南無妙法蓮華経

おわりに

私はこれまで、テレビやＹｏｕＴｕｂｅなどで「怪談説法」と題して、怖い話を導入としてお説法をしてきました。メディアに出始めたのは、平成二十二年（二〇一〇年）頃からです。

そこから約十年間は「怪談説法」だけをしてきました。

「僧侶が怪談をするとはけしからん」とか「お坊さんを辞めろ」など、幾多の否定的なご意見をいただいてきました。

それでも私は止めることなく続けてきました。すると、私の「怪談説法」を耳にした方々から「お説法に救われました」「お経をもっと知りたくなりました」というお言葉をいただけることが増えてきたのです。

私はこの時を待っていました。時が満ちたように感じました。

そのタイミングで本書の出版のお声掛けをいただいたのです。

仏さまが「本書を書いて、教えを広めよ」そう言われたのかも知れないと思って、書かせていただきました。

しかしながら、まだまだ書ききれていないお経がたくさんあります。それらも私の生涯をかけて広めていかなければならないと感じています。

本書の補足など、私のＹｏｕＴｕｂｅチャンネルの「人類大会議」でも配信を考えておりますので、そちらも併せてご覧いただけますと幸いです。

本書のお経の解釈について、異論もあるとは思いますが、ご容赦ください。

最後になりましたが、本書を最後までお読みくださった読者の皆さまに、感謝すると共に、ご多幸とご健勝を心よりお祈りしております。

光照山蓮久寺住職　三木大雲

三木 大雲（みき・だいうん）

光照山蓮久寺 第38代住職。1972年生まれ。京都府京都市出身。怪談を切り口にわかりやすく説法を説く「怪談説法」を確立。実際にあった相談に基づく怪奇現象、自身の体験など、現代の怪談を説法へと繋ぎ、考え方や生き方、死生観が変わる仏教の教えを説く活動をしている。テレビやラジオ出演のほか、YouTubeでの発信、イベント出演等多岐にわたり活躍中。著書に『続々・怪談和尚の京都怪奇譚』（文藝春秋）など。

蓮久寺HP	：https://renkyu-ji.com
YouTube	：三木大雲チャンネル 三木大雲の人類大会議
Instagram	：mikidaiun

お経から読み解く未来予言

仏教コード

2024年12月24日　第１刷発行
2025年４月17日　第７刷発行

著者　三木大雲
発行人　川畑 勝
編集人　中村絵理子
編集　彦田恵理子
発行所　株式会社Gakken
〒141-8416　東京都品川区西五反田2-11-8
印刷所　中央精版印刷株式会社

○この本に関する各種お問い合わせ先
本の内容については、下記サイトのお問い合わせフォームよりお願いします。
https://www.corp-gakken.co.jp/contact/
在庫については　TEL：03-6431-1201（販売部）
不良品（落丁、乱丁）については　TEL：0570-000577
学研業務センター　〒354-0045　埼玉県入間郡三芳町上富279-1
上記以外のお問い合わせは　TEL：0570-056-710（学研グループ総合案内）